하루 만에 인터넷 쇼핑몰 창업하기

김영문

머리말

아름다운 삶, 사랑 그리고 마무리…

1997년 11월에 한국이 경제부도의 위기로 내몰리면서 수많은 직장인들이 정든 회사를 떠나 길거리로 쏟아져 나왔었는데, 그 때에 실직자들을 위해 막연히 무엇인가 도움이 되는 일을 해야 하겠다는 생각을 갖고 금훈섭 (주)이야기 대표, 신순희 (주)모든넷 대표, 하태호 사랑넷 대표 등을 만나서 1998년 8월에 한국소호벤처창업협의회(soho.sarang.net)라는 이름으로 모임을 만들었습니다. 무엇인가 거창한 단체를 만들겠다는 생각보다는 삶의 터전을 잃고 희망을 잃어버린 실직자들에게 조그마한 도움이라도 드리고 싶었습니다.

그 이후 1999년 3월에 계명대학교 대명캠퍼스 시청각실에서 대구광역시 곽영길 당시 주임의 도움을 받아서 「'99 소호창업박람회」를 개최하였는데, 아마도 3,000명 정도는 참가한 것으로 기억이 납니다. 부스 40개를 설치하였고 세미나도 진행하였는데, 그 당시 신일희 계명대학교 총장님을 비롯한 참석한 내빈들이 박람회장에 들어가기도 힘들 정도로 많은 예비창업자들이 참석을 하였습니다. 개회사를 하면서 벤허 영화를 감독한 윌리엄 와일러가 시사회에서 말한 "하느님, 이 영화를 정말 제가 만들었습니까?"를 인용하면서 감격해 했던 생각이 아직도 생생합니다.

1999년 10월에는 중소기업청으로부터 한국소호진흥협회(www.sohokorea.org)로 명칭을 변경하여 사단법인 인가를 받았는데, 그 당시에 신민철 사무관께서 사단법인 인가를 받을 생각이 없느냐고 했을 때에 처음에는 거절했던 생각도 납니다. 사단법인을 만들기 위해서 창업분야의 일을 하였던 것도 아니었고, 굳이 사단법인이 필요하지 않았던 것입니다. 그 이후 한두 번 정도 더 전화를 받고서야 사단법인을 만들어서 일을 해야 하겠다는 생각을 하였습니다. 그때에는 소호(soho)라는 말보다는 벤처(venture)라는 말이 더 인기가 있었기 때문에 소호관련 협회를 운영하는 것이 매우 힘들기도 하였습니다. 2001년에 뉴비즈니스연구소(www.newbiz.or.kr) 사이트를 뜻을 같이 하시는 분들과 함께 개설하였는데, 그것은 생각하는 창업, 연구하는 창업, 뿌리가 있는 창업의 필요성을 느끼면서, 창업도 조사와 연구를 통해서 발전할 수 있다는 것을 알았기 때문입니다. 다른 사람의 아이템을 베끼거나 대충 시작해서는 절대로 성공창업을 보장받을 수 없기 때문입니다. 개인적으로 볼 때에는 뉴비즈니스연구소(www.newbiz.or.kr) 사이트를 오픈하면서 창업관련 조사 및 연구 활동을 활발하게 진행하였습니다. 물론 뉴비즈니스연구소라는 사이트가 설립 취지에 맞게 성공하였다고는 할 수가 없으나 창업분야에서 조사 및 연구가 얼마나 중요한가를 깨닫게 된 계기가 되었습니다.

2003년도에는 저에게 전혀 예상하지 못한 일이 일어났습니다. 그것은 계명대학교 벤처창업보육사업단의 설립을 위해 일을 하였지만, 설립 후 전혀 사업단의 운영에 참여하지 못해 많은 서러움을 갖고 있었던 저에게 사업단장이라는 직책이 맡겨지게 되었습니다. 제가 그 일을 맡게 될 것이라고는 꿈에도 생각하지 않았기에 혼신의 힘을 다해서 열심히 일을 하였다고 자부합니다.

2003년 2월 1일부터 계명대학교 벤처창업보육사업단(www.kubic.co.kr)의 단장으로 일을 하면서 중소기업청 평가에서 대구경북지역 36개 창업보육센터 중에서 유일하게 6년 연속 최우수 평가를 받았습니다. 2005년에는 정보통신부장관 표창을 받았으며, 그해 전국 최우수 창업보육센터장으로 선정되어 산업자원부장관 표창을 받기도 하였습니다. 이러한 업적들은 함께 수고한 박신제 매니저, 정태용 매니저, 차재민 매니저, 김미영 등 사업단에 근무하는 모든 분들의 수고 때문이라고 생각하며, 고마움을 전하고자 합니다.

이렇게 창업분야의 일을 하다보니 방송과도 인연이 많았습니다. 1999년에는 TBC 라디오 박원달 PD와 인연을 맺으면서 「알기쉬운 경제교실」에 1년 6개월간 출연하였으며, TBC TV의 아침방송에서 이학락 PD와 함께 「클릭! 김영문의 인터넷세상」을 6개월간 진행하였으며, KBS 1라디오에서 김지인 부장과 「창업이 보인다」라는 프로그램 꼭지에 4년 이상 고정 출연을 하고 있습니다.

언론활동 중에서 아마 가장 기억에 남은 방송이라면 당시 KBS 9시뉴스 진행자였던 황현정 아나운서와 서울 여의도에서 소호창업에 대해 2시간 생방송을 했던 것이었는데, 하도 긴장을 해서 방송 전에 화장실을 10번은 간 것 같았습니다. 처음에는 힘들었던 방송이 그 이후에는 너무 쉽게 느껴졌으나 이제는 말 한마디에도 책임감을 느끼는 시간들이 되었습니다. 저의 한마디로 인해 방송을 보고 듣는 분들에게는 알토란 같이 모은 전 재산을 날릴 수도 있다는 것을 알게 되었기 때문입니다.

2004년 4월 20일에는 사랑나눔재단(www.mis.or.kr)을 예수그리스도의 인도하심으로 설립하여 2006년 2월 22일에 대구광역시로부터 사랑나눔회(www.mis.or.kr, 현재 웹사이트는 폐쇄하였으며 cafe.daum.net/isoho2jobs에서 통합 운영하고 있음)로 명칭을 변경하여 비영리민간단체(Non-Profit Organization, NPO)로 인가를 받았습니다. 사랑나눔회는 저의 삶에서 가장 중요한 일 중의 하나이기도 하였으며, 거듭나는 삶의 은사를 받는 계기를 마련해 주었습니다. 천상천하유아독존(天上天下唯我獨尊)과 같은 삶에서 낮추고, 덜어내고, 긍휼히 여기는 마음을 갖도록 오래 전에 예수그리스도께서 저에게 예비하신 길이었다는 것을 굳게 믿습니다.

사실, 1998년부터 무엇 때문에 제가 창업분야의 일을 하게 되었는가에 대해 가끔 스스로에게 궁금하게 생각을 하였는데, 지금 생각해 보면 사랑나눔회를 위한 준비와 훈련을 시키신 것이었다고 생각됩니다. (사)한국소호진흥협회에서 일을 하면서 프랜차이즈 본사와의 갈등이 너무 많아서 협회의 운영에 대해 좌절과 회의가 많았는데, 사랑나눔회에서 봉사를 하면서 나눔의 즐거움과 기쁨의 시간이 너무 많았습니다. 창업이라는 분야에서도 늘 다른 곳에서 방황하다가 이제야 제가 있어야 하는 곳에 왔다는 생각을 하게 되었습니다.

2005년 9월 1일에는 창업길라잡이 카페(cafe.daum.net/isoho2jobs)를 개설하였는데, 예비창업자들을 위해 매주 창업행사를 개최하며 창업상담도 해 드리는 기회를 만들어 보기 위함이었고, 아울러 사랑나눔회를 운영하기 위한 복지기금이 필요했기 때문이기도 하였습니다. 카페에서 진행하는 행사에 오시는 모든 분들이 사랑나눔회의 아름답고 따뜻한 후원자라는 것을 생각할 때에 그저 감사한 마음뿐입니다. 그 분들의 참가비는 한 푼의 낭비도 없이 예수그리스도께서 보시기에 부끄러움이 없도록 장애인, 모자가정, 교도소 수용자 등의 소외계층과 국내외의 선교사업을 위해 사용되고 있습니다.

2010년 3월 10일에는 대구경북창업카페연합회(cafe.daum.net/isoho2jobs에서 활동하고 있음)를 설립하였는데, 그것은 활동의 범위를 대구경북지역으로 한정하여 창업을 해야 하는 분들에게 소박하게 봉사하기 위함이었습니다. 이를 위해 사단법인 한국소호진흥협회 및 여러 관공서의 각종 위원 등을 모두 정리하였습니다. 남은 삶을 한 곳에 헌신하고, 그리고 아름답게 마무리를 하기 위한 마지막 준비라는 생각을 하였습니다.

사실 1998년 8월 이후 창업분야의 일을 하면서 주머니에는 늘 위장약을 갖고 다니면서 복용하였으며, 2003년 5월에 의식을 잃고 택시에 실려 병원에 가기도 하였습니다. 그때에는 식구들도 몰라보게 되었는데, 택시를 타고 병원에 가면서 조금씩 의식을 회복하게 되었습니다.

하지만, 또 다시 2009년 11월 28일 토요일 저녁에 잠을 자다가 뇌출혈로 다시 병원에 가게 되었으며 병원에 도착하자마자 의식을 잃고 뇌수술을 받게 되었습니다. 8일 만에 의식을 다시 찾았으며, 16일간의 중환자실 및 총 27일간의 입원을 통해 겨우 생명을 다시 찾았습니다.

한편, 2011년 3월에는 연구년 기간 중에 창업선도대학 계명대학교 창업지원단의 기술창업육성부장이라는 보직을 발령받았고,

그해 11월 1일에는 창업지원단장의 보직을 발령받아 2013년 1월 31일까지 일을 하였습니다. 오직 예비창업자들만을 생각하면서 정말로 열심히 일을 하였으며, 2011~2012년의 창업선도대학 사업실적 평가에서 전국 18개의 창업선도대학 중에서 1위를 하였습니다. 하지만, 과로 및 스트레스로 인해 2012년 말에 뇌출혈의 후유증으로 인해 2번이나 쓰러져서 창업지원단장의 직에서 사임을 하고 연구실로 돌아왔습니다. 앞으로 계명대학교에서의 남은 시간들은 교수라는 위치로 온전히 돌아와서 학생들에게는 좋은 강의를 하고, 창업의 모든 분야를 더 깊이 있게 연구하기 위해서 모든 시간을 보내게 될 것입니다.

오랜 시간을 되돌아 가보면, 대학교 3학년 때에 학회장에 출마하면서 선거유세를 위해 강의실을 다니면서 「不義와 타협하지 않겠습니다.」라는 글자를 칠판에 적은 기억이 납니다. 그때의 그 마음이 아직도 그리고 앞으로도 변치 않기를 다짐하면서, 참으로 어지럽고 혼탁한 창업시장에서 아직은 저의 역할이 있음을 생각합니다. 아니, 저를 통해서 이루고자 하는 그분의 뜻을 더 많이 알기를 원하며, 저에게 주신 재능을 통해 더 많은 분들이 창업을 통해 경제적으로 자립하고, 홀로서기를 하고, 아울러 승리했으면 하는 소망이 있습니다.

1998년 이후 창업분야에서 일을 해 오면서 배운 창업이론과 실무지식 그리고 창업현장에서의 경험을 바탕으로 지금까지 10

권의 책을 출판하였습니다.

1. SOHO와 인터넷비즈니스, 동영출판사, 2000년
2. 한 권으로 끝내는 창업길라잡이, 창업학, 법문사, 2006년
3. 예비창업자가 꼭 알아야 하는 100가지, 법문사, 2009년
4. 창업길라잡이, 집현재, 2011년
5. 이베이(eBay)에서 창업하기, 책마을, 2011년
6. 500만원으로 창업하기, 집현재, 2011년
7. 카페(cafe)로 창업하기, 집현재, 2012년
8. 일본 소호(보따리)무역으로 창업하기, 집현재, 2012년
9. 무점포 무일푼으로 인터넷창업하기, 집현재, 2013년
10. 무점포·1인 창업하기, 집현재, 2014년

이러한 저서들을 집필함에 있어 선후배들의 자료를 참고로 정리하였고, 제가 쓴 글이나 설문조사한 자료들을 추가하면서 저 나름대로의 생각들을 담으려고 노력도 하였습니다. 하지만, 실제 창업을 한 경험이 없고 실무경력이 별로 없다보니 보시기에 많이 미흡하고 때로는 다른 분들의 업적을 가로챈 느낌마저 갖게 되어 송구스럽게 생각합니다. 혹시라도 본문 중에 참고문헌을 누락하였다면 고의가 아니었음을 말씀드리면서 용서를 구하고자 합니다.

이번에 집필하는 이 책 역시 누군가에게는 삶의 희망을 주고, 또 누군가에게는 빵이 되어 배고픔을 해결해 주었으면 좋겠습니다. 힘들어서 쓰러지고 싶고 때로는 삶을 포기하고 싶은 작은자들에게 어둠 속의 빛과 소금의 역할을 수행할 수 있었으면 더 이상 바랄 것이 없을 것 같습니다.

책의 서문에 무엇을 담을까 생각하다가 1998년 이후 창업분야에 몸을 담으면서 있었던 일들을 조금 정리해 보았습니다. 여기에 다 담지 못한 이야기들도 있고, 감사의 표시를 제대로 하지 못한 분들도 있습니다. 저를 낳아주시고 미국 유학경비를 보내주시느라고 고생을 너무 하신 부모님, 그리고 세상에서 저와 소중한 인연을 맺은 가족들에게도 고마움을 전합니다.

그리고 2004년에 사랑나눔회를 시작하면서 나눔과 선교의 사업에 함께 하는 모든 분들에게도 진심으로 고마움을 전하면서, 사랑나눔회가 대를 이어 계속되기를 소망합니다. 사실, 사랑나눔회의 도메인 중에서 MIS는 management information system의 약어로서 당초 제가 근무하는 경영정보학과의 홈페이지로 사용할 계획이었으나, 2004년에 부산창업박람회를 참관하고 오는 길에서 "mis(mission in sharing and humanity services) for glory of the God"가 갑자기 생각났는데 그것은 그분의 인도하심이라고 생각합니다. 지금 생각해 보면, 16년간 창업분야에서 일을 하게 된 것도, 그리고 이 책을 쓰게 된 것도 모두 사랑나눔회를 통해

나눔과 선교사업에 일을 하신 그분의 뜻이 있었다고 생각합니다.

그리고 살아오면서 때로는 저로 인해 고통을 받았거나 분노한 분들도 많이 있을 것이며, 지면을 빌어 죄송한 말씀과 용서를 구하고자 합니다. 철없던 시절의 잘못된 생각으로 많은 분들에게 심적, 육체적 고통을 주었음을 고백하며, 앞으로는 더 많은 분들에게 희망, 꿈, 소망, 그리고 행복을 드릴 수 있도록 남은 삶을 바치고자 합니다.

끝으로, 본 저서의 내용과 관련하여 몇 가지를 알려 드리고자 하며, 크게 성공하지는 못하더라도 적어도 실패하지 않는 창업에 많은 도움이 되시기를 원합니다.

1. 저서의 내용에 관해서 질문이 있거나 창업에 대한 도움이 필요하시면 창업길라잡이 카페(cafe.daum.net/isoho2jobs)의 [창업상담♡질문 및 답변] 게시판을 활용해 주십시오. 적극적으로 도움을 드릴 것입니다.

2. 창업길라잡이 카페(cafe.daum.net/isoho2jobs)의 [창업동영상(UCC)강좌] 게시판에 등록되어 있는 다양한 동영상(UCC)을 함께 공부하시면, 분명 성공적인 창업에 많은 도움이 될 것입니다.

3. 저서에서 소개한 인터넷쇼핑몰의 개발 및 창업에 대해서 교육을 받을 수 있는 기관을 찾아서 우선 교육을 받으신 후에 관련 서적을 구입하여 추가적으로 공부를 하는 것이 필요합니다.

4. 인터넷쇼핑몰을 하나만 운영하지 말고 제5장에서 설명하고 있는 "다양한 방법으로 인터넷쇼핑몰 창업하기"를 참고하여 적어도 2~3개의 인터넷쇼핑몰을 운영하는 것을 고려해 보는 것이 필요합니다.

5. 인터넷쇼핑몰로 매출을 올리는 방법은 결국 홍보와 광고라는 것을 생각하면서 제6장에서 설명한 "상품의 판매 및 매출증대를 위한 홍보와 광고 전략"을 적극적으로 진행하는 것이 매우 중요합니다.

2014년 7월에

김영문

차 례

제1장 인터넷쇼핑몰의 이해 ■ 25

제6장 상품의 판매 및 매출증대를 위한 홍보와 광고 전략 ■ 187

제 1 장

인터넷쇼핑몰의 이해

1. 인터넷쇼핑몰의 개요

인터넷쇼핑몰(internet shopping mall)은 인터넷이라는 가상공간에 존재하는 상점을 말한다. 인터넷쇼핑몰은 전통 시장과 같은 시간적·공간적 제약이 없고 국경이 없다는 특성을 지니고 있다. 즉, 소비자들은 인터넷에 개설된 세계 각국의 가상상점에서 언제 어디서나 원하는 시간에 비교적 저렴한 가격으로 상품을 구입할 수 있다. 운영자의 입장에서는 운영비가 거의 들지 않고, 상권의 제약을 받지 않으며, 소비자의 취향에 맞는 상품정보를 제공할 수 있다(네이버 지식백과, terms.naver.com).

1.1 인터넷쇼핑몰의 장점

인터넷쇼핑몰은 소비자, 기업, 사회, 그리고 창업자 측면에서 여러 장점들이 있으며, 예비창업자들이 창업을 생각할 때에 가장 먼저 고려하는 창업아이템이기도 하다.

1. 소비자 측면에서의 장점

필요한 상품을 쉽고 빠르게 구매할 수 있으며, 365일 24시간

쇼핑이 가능하고, 가격 비교가 가능하기 때문에 상대적으로 저렴한 가격에 상품을 구매할 수 있다.

2. 기업 측면에서의 장점

① 기존 제품의 새로운 판매 채널을 구축할 수 있다.

② 시간과 장소의 제약을 초월하여 상품판매 활동이 가능하다.

③ 시장 접근 및 진입이 상대적으로 쉽다.

④ 소비자의 행동을 피드백(feedback)하기 쉽다.

⑤ 세분화된 고객전략 수립을 위한 마케팅의 수단으로 활용할 수 있다.

3. 사회 측면에서의 장점

① 정보화사회의 진전을 기대할 수 있다.

② 사회구성원들 간의 교류 활성화를 기대할 수 있다.

③ 교통의 혼잡을 상대적으로 줄일 수 있다.

4. 창업자 측면에서의 장점

① 무점포, 재택 및 1인 창업이 가능하다.

② 상품이미지만 있으면 창업이 가능하며, 이로 인해 사전에 상품을 구입할 필요가 없다. 고객이 주문을 하고 결제를 하면, 도매시장에서 상품을 구입한 후에 배송해도 된다.

③ 한 달에 5~10만원으로 창업이 가능하며, 창업실패로 인한 위험이 거의 없다.

④ 1명의 창업자가 여러 개의 인터넷쇼핑몰을 충분히 운영할 수 있다.

1.2 인터넷쇼핑몰의 종류

인터넷쇼핑몰은 아래와 같이 종합쇼핑몰 및 전문쇼핑몰로 구분할 수 있는데, 개인 창업자는 전문쇼핑몰로 창업을 하는 것이 좋다. 종합쇼핑몰은 직원들이 최소 5명 이상이 근무하고 있는 규모가 큰 기업에서 가능하다고 생각하면 된다.

1. 백화점식 대단위 쇼핑몰

백화점과 같이 웹사이트에 가상 건물을 세우거나 각종 제품을 다양하게 구비하여 고객들을 불러 모으고 있는 것이 대단위 쇼핑몰이다. 종합쇼핑몰이라고도 한다.

2. 전문쇼핑몰

소수의 전문화된 품목만을 판매하는 쇼핑몰인데, 300~500개 정도의 상품으로 전문쇼핑몰을 개발할 수 있다. 사실, 개인 창업자의 경우에는 종합쇼핑몰보다는 전문쇼핑몰로 승부를 하는 것이 더 좋다.

1.3 인터넷쇼핑몰 창업의 절차

강현순(2006)은 인터넷쇼핑몰 창업의 절차를 [그림 1-1]과 같이 5단계로 설명하고 있다. 하지만, 인터넷쇼핑몰의 목적과 종류에 따라 그 절차는 조금 달라질 수 있을 것이다. 예를 들어, 개인 고객들을 대상으로 하는 인터넷쇼핑몰인가 아니면 글로벌 고객 혹은 기업들을 대상으로 하는 인터넷쇼핑몰인가에 따라 인터넷 쇼핑몰 창업의 절차를 차별되게 접근할 수 있다는 것이다. 이에 따라 누구를 대상으로 하는 인터넷쇼핑몰인가에 따라 [그림 1-1]에서 제시된 단계는 약간 수정될 수도 있을 것이다.

1. 창업 준비단계

창업 준비단계에서는 발품을 많이 팔아서 정보를 수집하는 것이 필요한데, 특히 아이템선정, 시장조사, 상품기획, 상품조달계획의 수립, 사업계획서 작성, 초도 물품구입 등의 업무가 수행되어야 한다.

① 아이템 선정: 요즈음 많은 창업자 중에서는 잘 팔리고 돈이 되는 아이템만 찾으려고 하는 모습을 볼 수 있는데, 목표로 하는 고객대상을 먼저 생각해 보는 것이 좋을 것이다. 내가 누구를 대

단계	내용
제1단계 창업준비	아이템 선정, 시장조사, 상품기획, 상품조달계획 수립, 사업계획서 작성, 초도물품 구입
제2단계 쇼핑몰 구축	도메인 등록, 온라인 상점 구축, 상품사진 촬영
제3단계 사업자 신고	통신판매업 신고, 사업자등록, 부가통신판매업 신고
제4단계 운영준비	결제시스템 결정, 배송(물류) 선택
제5단계 쇼핑몰 오픈	검색엔진 등록, 광고전략 수립

그림 1-1 인터넷쇼핑몰 창업의 절차

상으로 인터넷쇼핑몰을 운영할 것인가를 생각해 보고, 그 다음에 그러한 고객들의 소비패턴(pattern of consumption)을 심층적으로 조사하는 방식으로 전개한다면 판매할 아이템을 어렵지 않게 찾을 수 있을 것이다. 그렇게 함으로써 특정 분야에서 전문성을 갖출 수 있는 동시에 경쟁력을 확보할 수 있을 것이다.

② 시장조사: 시장조사는 온라인과 오프라인에서 동시에 진행되어야 하며, 앞에서 선정한 아이템이 잘 팔리고 있는지, 향후 전망은 좋은지, 그리고 경쟁상태는 어떠한지 등에 대해 심층적으로 조사를 한다. 특히, 오프라인에서는 상품을 눈으로 직접 확인하면서 잘 팔릴 만한 상품과 전체적인 트렌드를 살펴봐야 한다. 그

리고, 상품의 유통구조와 상품조달 방안에 대해서 파악해 둘 필요가 있다. 이러한 시장조사는 먼저 창업 전에 적어도 2~3개월 정도 실시하는 것이 필요하며, 창업 후에도 지속적으로 진행하는 것이 필요하다.

③ 상품기획: 인터넷쇼핑몰에서 판매할 상품의 종류를 결정하고, 어떻게 분류하고 조합할 것인가를 구상한다. 요즈음은 단품만 판매하기보다는 의류와 벨트, 액세서리 등의 세트 상품(set goods)으로 만들어서 판매하는 경향이 있다.

④ 상품조달계획의 수립: 어떤 상품을 어디에서 얼마나 구매할 것인가를 계획해야 한다. 요즈음 국내 유통시장뿐만 아니라 해외에서도 조달하는 경향이 많은데, 카페(cafe) 혹은 커뮤니티 활동을 열심히 하게 되면 자연스럽게 배우게 된다. 또한 도매꾹(www.domeggook.com), 베스트켓(www.bestket.com) 등과 같은 온라인 도매시장을 살펴보는 것도 좋다.

⑤ 사업계획서 작성: 아무리 적은 자금으로 창업을 한다고 하더라도 사업계획서를 한 번도 작성해 보지 않았다면 곤란한 일이다. 특히 예산과 관련된 계획은 반드시 세워봐야 하는데, 그렇게 함으로써 현실성 있는 창업 준비가 가능할 것이다.

⑥ 초도물품 구입: 전체 상품기획에 대한 준비가 끝났으면, 실제로 초도물품을 구매해 보는 것이 필요하다. 그런데, 너무 많이 구매하면 현금유동성에 문제가 생길 수 있고, 팔리지 못한 물건

은 모두 재고로 남기 때문에 처음에는 몇 개씩 소량만 구매하는 것이 필요할 것이다.

2. 쇼핑몰 구축단계

쇼핑몰 구축단계에서는 도메인 등록, 쇼핑몰 운영정책 수립, 쇼핑몰 제작유형 결정, 쇼핑몰 기획, 쇼핑몰 제작, 디자인 의뢰, 상품사진 촬영 등의 업무가 수행되어야 한다.

① 도메인 등록: 아이네임즈(www.inames.co.kr) 등과 같은 전문 사이트에서 구입하면 되는데, 도메인만 보고서도 무엇을 하는 사이트인지 알 수 있는 도메인명을 구입하는 것이 좋다. 또한 한글 도메인보다는 국제도메인 혹은 kr도메인을 구입하는 것이 좋다.

② 쇼핑몰 운영정책 수립: 회원 및 비회원 구매, 마일리지 제도의 도입, 배송료, 환불 및 교환 등 쇼핑몰 운영과 관련된 다양한 정책을 수립해야 한다. 이 부분에 대해서는 다른 유명 쇼핑몰을 벤치마킹(benchmarking)하는 것이 좋다.

③ 쇼핑몰 제작유형 결정: 인터넷쇼핑몰은 직접 개발하는 방법도 있지만, 요즈음은 쇼핑몰 호스팅 서비스를 받거나 웹에이전시(web agency)에 의뢰하여 개발하기도 한다. 또한 카페(cafe)의 사진등록 기능을 이용하여 상품을 등록한 후에 판매하는 방법도 많이 사용하며, 대형쇼핑몰 및 오픈마켓의 입점을 통해 쇼핑몰을 운영할 수도 있다.

④ 쇼핑몰 기획: 쇼핑몰의 카테고리, 상품진열방법, 광고카피(copy), 메뉴명, 이벤트 혹은 기획전의 위치, 고객지원 안내방식 등 쇼핑몰의 화면에 대해 기획을 해야 한다. 쇼핑몰 기획 역시 현재 성공적으로 운영하고 있는 인터넷쇼핑몰들을 접속하여 살펴보는 것이 좋을 것이다.

⑤ 쇼핑몰 제작: 호스팅 서비스를 받거나 웹에이전시에 의뢰하여 제작하는 경우에도 제작의 모든 과정에 적극 참여하는 것이 중요할 것이다. 디자인 등과 같은 외형적인 모습보다는 고객관리 및 서비스 등 내부 프로그램의 차별화에 집중하는 것이 필요하다.

⑥ 디자인 의뢰: 로고(logo), 이미지로 제작된 타이틀, 배너, 약도 등 고급 기술의 디자인이 필요한 부분에 대해서는 웹디자이너에게 의뢰하는 것이 좋을 것이다.

⑦ 상품사진 촬영: 처음 인터넷쇼핑몰을 개발할 때에는 전문가에게 의뢰할 수 있으며, 장기적으로 생각한다면 결국 본인이 디지털 카메라와 촬영장비 세트를 구비하여 직접 촬영을 하는 것이 필요하다.

3. 사업자 신고

인터넷쇼핑몰 창업을 하려면 세무서에서 사업자등록을 하고, 지방자치단체에 통신판매업 신고를 한 후에 체신청에 가서 부가통신판매업 신고를 하면 된다. 또한 인터넷쇼핑몰 창업관련 법률에 대해서도 알아야 하는데, 특히 "전자상거래 등에서의 소비자 보호에 관한 법률"의 내용을 반드시 숙지해야 한다.

4. 운영 준비단계

운영 준비단계에서는 결제시스템 선정, 배송회사의 선택, 고객지원 준비, 상품등록 등의 업무가 수행되어야 한다.

① 결제시스템 결정: 인터넷쇼핑몰에서 고객의 상품구매에 따른 결제를 하기 위해서는 지불중계업체(PG: payment gateway)를 결정해야 하는데, 일반적으로는 인터넷쇼핑몰 호스팅 업체에서 대행해 준다. 랭키닷컴(www.rankey.com)에서 전자결제솔루션을 검색하면 지불중계업체에 대한 정보를 자세히 알 수 있다.

② 배송회사의 선택: 고객이 주문한 상품을 배송하기 위해서는 배송회사를 선택해야 하는데, 랭키닷컴(www.rankey.com)의 택배/물류에서 자세한 정보를 알 수 있다. 상품의 배송을 위한 박스의 구입은 박스전문 쇼핑몰에서 구입하면 되며, 배송료는 택배사와 월 배송건수에 따라 차이가 있다.

③ 고객지원 준비: 온라인으로 거래되는 쇼핑몰이라고 하더라도 고객 상담을 위한 전화 및 상담시간은 필요하며, 아울러 문의게시판 등 온라인에서의 고객지원을 위한 준비도 필요하다. 요즈음은 상품설명을 위한 동영상을 제공하는 경우도 많고, 전화 외에도 채팅, 화상 상담을 실시하는 회사도 많이 있다는 것을 고려

해야 한다.

④ 상품등록: 인터넷쇼핑몰에 상품사진, 가격, 상세설명 등을 등록하게 되는데, 오픈마켓의 경우에는 보통 상품사진을 3개까지만 등록하도록 제한하고 있으며 사진 크기도 제한되어 있다. 또한 인터넷쇼핑몰 창업자들은 옥션, G마켓, 11번가, 이베이 등 국내외의 오픈마켓에도 상품을 등록하여 판매하기 때문에 상품사진의 원본(PSD 파일)을 보관해야 한다.

5. 쇼핑몰 오픈단계

쇼핑몰 오픈단계에서는 검색엔진 등록, 광고전략 수립 및 진행 등의 업무가 수행된다.

① 검색엔진 등록: 현재 국내에서는 네이버(www.naver.com), 네이트(www.nate.com), 다음(www.daum.net) 등의 검색엔진에 등록하면 되는데, 개별 사이트의 등록비는 198,000원이다. 하지만, 프로텔컴(www.protelc.com), 이인벤션(www.einvention.kr) 등과 같은 검색엔진 등록대행 사이트를 활용하면 저렴한 비용으로 적어도 20개 이상의 사이트에 등록을 할 수가 있다.

② 광고전략 수립 및 진행: 인터넷쇼핑몰이 주로 사용하는 광고는 검색엔진의 검색어(키워드) 광고인데, 네이버의 경우에는 파워링크, 플러스프로, 클릭초이스 등으로 구분하고 있다. 또한 온라인 키워드 광고전문회사들이 많은데, 오버추어(www.

overture.co.kr), 애드게이트(www.adgate.kr) 등이 있다. 초보창업자들의 경우에는 창업 초기단계에서는 이러한 광고전문회사들을 통하여 키워드 광고를 진행하는 것도 효과를 높이는 데 도움이 된다. 다만, 3~6개월 후에는 창업자가 직접 진행을 하는 것이 비용절감을 위해서도 필요하다.

1.4 수정된 인터넷쇼핑몰 창업의 절차

예비창업자들이 가장 많은 관심을 갖고 있는 창업아이템 중의 하나가 바로 인터넷쇼핑몰 창업이라고 할 수 있다. 점포가 필요 없으면서 집에서도 창업을 할 수 있다는 점에서 선호하는 것이 사실이지만, 정작 인터넷쇼핑몰로 돈을 많이 벌고 있는 창업자들이 별로 없다는 것 또한 현실이다. 그렇기 때문에 인터넷쇼핑몰 창업을 쉽게 생각하고 뛰어들었다가는 너무나 빨리 좌절하고 실패할 수 있다는 것을 염두에 두어야 한다.

앞에서 강현순(2006)은 인터넷쇼핑몰 창업의 절차를 [그림 1-1]과 같이 5단계까지만 제시하였는데, 여기에서는 [그림 1-2]와 같이 제6단계를 추가하였다. 인터넷쇼핑몰을 오픈하고 운영을 하면서 정기적으로 성과를 점검하는 것이 필요하며, 점검의 결과는 상위단계로 피드백(feedback)이 되어 수시로 보완되어야 한다. 또한 성과점검 단계에서는 인터넷쇼핑몰의 성과점검 및

단계	내용
제1단계 창업준비	아이템 선정, 시장조사, 상품기획, 상품조달계획 수립, 사업계획서 작성, 초도물품 구입
제2단계 쇼핑몰 구축	도메인 등록, 온라인 상점 구축, 상품사진 촬영
제3단계 사업자 신고	통신판매업 신고, 사업자등록, 부가통신판매업 신고
제4단계 운영준비	결제시스템 결정, 배송(물류) 선택
제5단계 쇼핑몰 오픈	검색엔진 등록, 광고전략 수립
제6단계 성과점검	쇼핑몰의 성과점검 및 운영방향 개선

그림 1-2 인터넷쇼핑몰 창업의 절차

운영방향 개선으로 세분할 수 있는데, 구체적인 내용은 아래와 같다.

1. 쇼핑몰의 성과점검

인터넷쇼핑몰을 오픈한 이후 3개월 정도의 주기로 성과를 점검하는 것이 필요하며, 다음과 같은 척도를 사용하여 조사해 볼 수 있다.

① 방문고객의 수

② 회원가입의 수

③ 매출의 증감 추세

④ 문의(질문과 답변)의 내용

⑤ 많이 판매되는 상품의 유형

⑥ 자주 검색하는 상품의 종류

2. 쇼핑몰의 운영방향 개선

처음 인터넷쇼핑몰을 계획했을 때에 비하여 쇼핑몰의 성과가 부진하다고 판단될 때에는 아래의 사항에 대한 개선을 고려할 수 있다.

① 판매하는 상품의 변경

② 홍보 및 광고방법의 변경

③ 인터넷쇼핑몰 솔루션의 변경

④ 고객서비스의 획기적인 개선

⑤ 인터넷쇼핑몰에서 진행할 수 있는 새로운 수익모델의 추가

⑥ 인터넷쇼핑몰의 폐쇄 여부 및 업종 전환

⑦ 다른 전자상거래 사이트들과의 제휴 추진

2. 인터넷쇼핑몰의 개발방법

일반적으로 인터넷쇼핑몰의 개발 및 운영은 직접구축 및 솔루션구입/ASP서비스 이용의 2가지 방법으로 가능하다(홍성근, 김동희, 2003). 하지만, 창업자가 직접 인터넷쇼핑몰을 개발하는 것은 거의 불가능하며, 이에 따라 다양한 인터넷쇼핑몰 전문기업에서는 매월 일정액을 받고 인터넷쇼핑몰 창업에 필요한 다양한 솔루션(solution)을 제공해 주고 있다. 즉, 인터넷 쇼핑몰 ASP(Application Service Provider) 서비스를 제공하고 있는 전문기업들을 통하여 인터넷쇼핑몰 창업을 하는 것이 편리한데, 현재 국내에는 아래의 전문기업들이 있다.

① 메이크샵(www.makeshop.co.kr)

② 카페24(www.cafe24.com)

③ 가비아(www.gabia.com)

④ 후이즈(mall.whois.co.kr)

⑤ 고도몰(www.godo.co.kr)

3. 인터넷쇼핑몰 창업, 왜 실패하는가?

인터넷쇼핑몰 창업자의 80%가 6개월을 기점으로 폐점하고 있고, 실질적으로 매출을 올리는 인터넷쇼핑몰은 불과 10% 미만이라고 할 수 있는데, 이렇게 인터넷쇼핑몰 창업이 실패하는 이유에 대해서 강현순(2005)은 다음과 같은 5가지 이유를 지적하고 있다.

3.1 전반적인 지식 부족

인터넷쇼핑몰 창업을 하는 데 있어서는 많은 지식을 필요로 하고 있다. 예를 들어, 상품정보, 쇼핑몰시스템에 관한 이해, 고객에 대한 이해, 고객관리의 능력, 세금관련 업무, 마케팅 이해와 방법론, 사업의 흐름을 읽는 능력 등은 작은 기업을 운영하는 데에도 필요한 필수지식이라고 할 수 있다. 하지만, 대부분의 창업자들은 전문기업에 의뢰하여 인터넷쇼핑몰을 개발하면 된다는 생각만 하고 있으며, 인터넷쇼핑몰의 운영에 필요한 세부적인 이론 및 실무지식이 매우 부족한 실정이다.

3.2 사업에 대한 스스로의 믿음 상실

사업을 진행하다 보면 계획에 없던 일들이 종종 생기게 되며, 그때마다 문제점과 난관에 봉착하게 되지만, 문제가 있으면 반드시 해결책이 있기 마련이다. 사업은 창업자 스스로의 믿음에서부터 시작된다는 것을 생각해야 한다. 하지만, 매출이 오르지 않으면 인터넷쇼핑몰 창업에 대한 부정적인 생각에 사로잡혀서 해결책을 찾는 노력을 열심히 하지 않는 실정이다.

3.3 마케팅 활동 부재

대부분의 인터넷쇼핑몰 회사들은 마케팅에 대한 계획 없이 사업에 임하게 된다. 그러나 마케팅이 없이는 아무리 좋은 상품을 개발한들 시장에서 팔리질 않는다. 상품은 시장의 니즈(needs)에 의해서 나오게 되므로 마케팅은 회사의 필수과정이며, 반드시 사업 착수 전에 계획하고 진행해야 할 사항이다. 특히 마케팅은 온라인과 오프라인에서 동시에 진행되어야 하는데, 많은 창업자들이 온라인 마케팅에 대한 실무지식이 부족한 실정이다.

3.4 웹 기획에 대한 이해 부족

인터넷쇼핑몰의 사업 환경은 인터넷이며, 인터넷을 대표하는 것은 웹(web)이다. 즉, 웹 기획이란 웹 환경에 맞춰진 기획을 한다는 말과 같다. 사람들은 웹을 통하여 정보를 습득하고, 물건을 사고 팔고, 기타 서비스들을 이용한다. 그러므로 고객의 행동양식이나 소비패턴을 파악하여 웹 기획을 해야만 고객의 접근을 쉽게 만들고, 서비스이용을 편리하게 만들어 줄 수가 있다. 다시 말해 매출과 연관성이 크다는 말이다. 그럼에도 불구하고 아직도 홈페이지 전문회사에 그냥 알아서 잘 만들어달라는 식으로 말하는 것으로 인터넷쇼핑몰의 개발을 진행하고 있는 실정인데, 이것은 결국 매출저하 혹은 폐업으로 이어질 수 있을 것이다.

3.5 초기 아이템 선정에 대한 잘못됨

대부분의 사업실패 원인은 남의 것만 따라 하기 때문이다. 사업에 성공을 하려면 트렌드를 잘 읽어야 하고, 고객이 될 소비자들이 무슨 생각을 하고 있는지, 외부환경이나 정책들은 어떻게 변화하고 있는지 등을 지속적으로 체크하고 분석해야 한다. 특히 사업아이템은 사업의 성패를 좌우하는 중요한 부분이며, 과학적인 조사와 분석을 통해서 반드시 구체적으로 짚고 넘어가야 할 부분이다.

4. 인터넷쇼핑몰 창업의 성공전략 5가지

예비창업자가 소호(SOHO) 혹은 투잡스(two jobs) 형태로 인터넷쇼핑몰 창업에서 성공하기 위한 전략 5가지를 제시하면 다음과 같다(김영문, 2011).

4.1 구매력을 갖춘 목표고객을 설정하라.

구매력이 없는 고객은 아무리 많아도 소용이 없다. 그렇기 때문에 내가 운영하는 인터넷쇼핑몰은 어떤 고객을 대상으로 운영할 것인가를 결정해야 한다. 즉, 구매력을 갖춘 목표고객(target market)을 설정하고, 그 고객에 맞는 인터넷쇼핑몰을 구축해야 한다.

4.2 종합쇼핑몰보다는 전문쇼핑몰로 승부하라.

목표고객들이 빈번하게 구매하는 상품을 중심으로 하되, 개별 품목에서 다양한 구색의 상품을 준비할 수 있도록 한다. 즉, 소호 혹은 투잡스 창업의 경우에는 주로 재택 형태로 1~2명의 인력이 운영하기 때문에, 너무 많은 종류의 상품을 취급하는 것은 오히려 인터넷쇼핑몰의 경쟁력을 약화시킬 수 있다.

4.3 브랜드 인지도를 높이도록 홍보를 강화하라.

브랜드 인지도를 높이며, 특히 충성도가 높은 고객을 많이 확보하도록 하도록 해야 한다. 이를 위해서는 회원관리프로그램 혹은 CRM(customer relationship management, 고객관계관리) 솔루션의 도입이 절대적으로 필요할 것이다.

4.4 온라인 상담 및 A/S, 상품의 배송 서비스를 향상시켜라.

인터넷쇼핑몰 이용자들이 가장 불만족하는 온라인 상담 및 A/S, 상품의 배송 서비스를 강화시킨다. 단순 게시판 혹은 메일상담 기능보다는 콜센터(call center) 혹은 화상상담 기능을 제공하고, 상품 배송과정에 대한 정보도 수시로 메일 혹은 문자메시지로 제공해야 한다. 최근에는 365일 24시간 불을 밝히고 고객 전화를 받는 온라인쇼핑몰 기업들이 많아지고 있는 실정이며, 온라인쇼핑몰들이 반품서비스 경쟁에 이어 24시간 콜센터까지 무한서비스 경쟁에 돌입한 지는 이미 오래되었다(디지털타임스, 2011. 5.31).

4.5 음성과 동영상 서비스를 강화하라.

단순히 이미지 및 텍스트 중심의 인터넷쇼핑몰에서 현재 홈쇼핑 채널의 컨셉트를 최대한 도입한다. 즉, 음성 및 동영상 쇼핑몰의 구축을 통해서 실제 백화점에서 상품을 보면서 구매하는 것과 같이 현실감이 넘치는 쇼핑몰을 구축하는 것을 고려해야 한다.

한편, 강현순(2006)은 인터넷쇼핑몰 창업의 성공을 위한 8계명을 다음과 같이 제시하고 있다. 이러한 사항들은 인터넷쇼핑몰 창업 전부터 고민해야 하며, 창업 후에도 지속적으로 명심해야 할 내용들이다.

① 자기만의 차별화된 아이템으로 승부하라.

② 온라인 판매 전에 e-마켓플레이스(혹은 오픈마켓) 등에서 현장 경험을 충분히 쌓아라.

③ 인터넷 실무지식 및 컴퓨터를 습득한 후 창업하라.

④ 좋은 제품을 싸게 공급받을 수 있는 최상의 공급처를 확보하라.

⑤ 최신의 마케팅 기법은 신뢰임을 명심하라.

⑥ 빠른 배송과 포장서비스를 차별화하라.

⑦ 오프라인보다 더욱 더 친절히 대하라.

⑧ 구매자의 불평이나 질문을 피드백으로 삼아라.

5. 인터넷쇼핑몰의 산업공학 적용

산업공학(industrial engineering)은 생산활동에 있어서 인력(人力)·자재·설비·기술·자금 등의 종합적 시스템의 설계·개선 및 설정에 관한 문제를 다루는 기술 또는 개념의 체계라고 할 수 있는데(네이버 백과사전, 100.naver.com), 인터넷쇼핑몰을 개발 및 운영할 때에도 산업공학이 적용될 수 있다. 즉, 쇼핑을 이끌어 낼 수 있는 색깔이나 버튼 혹은 고객에게 신뢰감을 줄 수 있는 디자인 등이 그 예라고 할 수 있다. 이에 대해 원승교(2006)는 인터넷쇼핑몰에서도 산업공학을 적용할 수 있다고 주장하면서, 구체적으로 다음과 같은 7가지 방법을 제시하고 있다.

① 설명은 감성적이고 자세할수록 잘 팔린다. 모든 쇼핑 사이트의 상품 설명 중에서 최악은 카탈로그의 상품 사양을 그대로 복사해 웹으로 올려놓은 것이다. 즉, 옥션이나 일부 컴퓨터부품 판매사이트에서 자주 볼 수 있는 광경으로 해당 제품에 대한 기술적인 정보만을 잔뜩 올려놓는다는 것이다. 정보통신 관련 기기나 전자제품의 경우 정확한 제품의 정보는 당연히 필수요건이지만, 그것보다 더 중요한 것은 바로 상품구입으로 인해서 얻을 수 있는 만족감, 감성적인 메시지, 그리고 풍부한 정보를 제공할 수

있도록 해야 한다는 것이다.

② 확대 이미지가 크고 선명할수록 효과적이다. 제품의 이미지 사진이 다양한 각도에서 가능한 한 큰 이미지로 나올수록 구매에는 탁월한 효과를 발휘한다. 어설픈 구도에 매끄럽지 못한 색감, 엄지손톱만한 이미지의 크기로 상품의 앞뒤마저 분간하기 어려운 경우, 구매를 돕기보다는 방해만 될 뿐이다. 컴퓨터의 CPU나 RAM과 같은 부품은 그 모양이 표준화되어 있고 작동만 된다면 대부분 그 외형은 어찌되어도 상관없다. 그러나 경매 사이트에서 직접 찍어 올린 사진이 있는 경우와 그렇지 않고 말로만 설명한 경우에는 그 낙찰가격의 차이가 큰데, 소비자의 입장에서는 보는 것이 믿는 것이라는 것이다. 더구나 오프라인 상점과는 다르게 온라인 상점에는 오로지 시각 하나뿐이라는 것을 항상 생각해야 한다.

③ 구매 완료까지의 과정이 짧을수록 좋다. 인터넷쇼핑몰의 첫 페이지에의 접속에서부터 구매과정을 거쳐서 구매 완료에 이르기까지의 총 마우스 클릭 수를 헤아려 보자. 마우스의 클릭이 10번이 넘어가면 위험하다. 고객에게 지루함을 주고 구매를 망설일 시간을 줄 수 있는데, 오프라인에서는 일단 시작하면 쉽게 멈출 수 없지만 온라인에서는 너무나 쉽게 스톱이 가능하다는 것을 명심해야 한다.

④ 간결하게 만들고, 자주 정리하라. 백화점이나 일반 상점의

전시 구조는 6년에 1번 정도의 비율로 새 단장을 한다고 한다. 미국의 통계가 그렇다. 한국에서는 보통 계절별로 한번씩, 1년에 4차례 정도 디스플레이를 정돈하는 것처럼 보인다. 그러나 아마존닷컴(www.amazon.com)은 1년에 20차례의 비율로, 즉 월 평균 1.6회의 간격으로 전시 구조 디스플레이 레이아웃을 갱신하고 있다. 연관 있는 상품별로 묶고 판매가 부진한 상품을 밀어 놓거나 제외해야 하며, 경쟁력 있는 상품은 앞에 진열하고 제대로 된 가격을 고객에게 요구하는 것이 좋다는 것이다. 이와 동시에 판매가 부진한 재고는 가격을 저렴하게 조절하여 빨리 판매를 하는 것이 좋을 것이다.

⑤ 약점은 초반에 알려줘라. 상품을 선택하고 옵션을 결정해서 주소를 입력하고 신용카드 승인 신청을 하려는데 갑자기 제품가격이 3,000원쯤 올랐다고 생각해 보라. 왜 그런 것인지 알아보니 구입 결정을 할 때에는 몰랐던 택배비용이 어느 순간에서인가 추가되었다는 것이다. 즉, 운영상의 단점을 반드시 미리 공개하여 고객에게 양해를 구하는 것이 중요하다는 것이다. 또한 배달이 불가능한 지역이 있는지도 미리 알려 주어야 한다.

⑥ 고객이 이미 알고 있던 것을 판다. 인터넷쇼핑몰에서 가장 많이 판매되는 상품 가운데 하나는 컴퓨터와 그 부품들인데, 그것은 온라인으로 접속하고 있다는 것은 100% 컴퓨터를 보고, 알고, 만질 수 있는 위치에 있다는 반증이다. 즉, 온라인 구매는 비

접촉 구매이며 고객은 모니터에 나타난 몇 가지 이미지와 설명을 통해서 상품을 상상하고 구매한다는 것이다. 그렇기 때문에 특별한 상품보다는 대중성 있는 제품이 잘 팔린다는 것이다.

⑦ 그 노래는 제발 틀지 마세요. 인터넷쇼핑몰에서는 자동으로 음악이 흘러나오도록 사이트를 꾸며서는 안 된다. 고객은 의도하지 않은 작은 팝업 창 하나에 신경질적인 반응을 보일 수 있으며 그런 반응은 당연하다고 할 수 있다.

6. 인터넷쇼핑몰 직접 만들기

인터넷쇼핑몰을 직접 만들기 위해서는 국내 주요 인터넷쇼핑몰 전문기업에서 실시하는 교육에 참가하면 된다. 예를 들어, 메이크샵에서 운영하는 샵인사이드(www.shopinside.net)에서는 인터넷쇼핑몰 창업에 대한 온라인 및 오프라인 교육에 대한 정보를 제공하고 있으며, 카페24에서도 교육센터(edu.cafe24.com)의 운영을 통해 전국적으로 인터넷쇼핑몰 창업교육을 진행하고 있다. 가비아에서는 인터넷쇼핑몰 창업자들을 위한 교육(hosting.gabia.com/ec_hosting/education)을 진행하고 있으며, 후이즈는 후이즈 아카데미(study.whois.co.kr)를 통하여 인터넷쇼핑몰 창업교육을 진행하고 있다. 아울러 고도몰에서도 고도교육센터(edu.godo.co.kr)를 통하여 서울과 부산에서 인터넷쇼핑몰 창업교육을 진행하고 있다. 이러한 전문기업 외에도 다음(Daum)과 네이버(Naver)에 있는 창업관련 카페(cafe)에서도 인터넷쇼핑몰 창업교육을 자체적으로 진행하고 있다.

7. 인터넷쇼핑몰을 직접 만들기 위해 배워야 하는 것

7.1 HTML과 포토샵

제4장에서 설명하고 있는 HTML과 포토샵은 컴퓨터와 인터넷을 활용하여 창업을 하기 위해서는 반드시 알아야 한다. 이에 따라 제2장을 공부하기 전에 제4장부터 먼저 공부하는 것도 좋을 것이다. 특히 HTML의 경우에는 다음(Daum) 혹은 네이버(Naver)의 카페(cafe)에서 다음과 같은 방법으로 실습을 하면 된다.

① [그림 1-3]과 같이 [글쓰기]를 클릭한 후에 오른쪽에 있는 [HTML]을 체크한다.

② HTML 명령어를 입력한다.

③ [미리보기]를 클릭하여 HTML 명령어 실행결과를 확인한다.

7.2 FTP의 사용방법

FTP(file transfer protocol)는 인터넷을 통해 한 컴퓨터에서 다른 컴퓨터로 파일을 전송할 수 있도록 하는 방법 및 그런 프로그램

그림 1-3 HTML 명령어의 실습

을 모두 일컫는 말인데, 홈페이지 혹은 인터넷쇼핑몰의 특정 페이지를 수정한 HTML 문서파일을 서버(server)로 전송하는 프로그램을 말한다. 일반적으로는 알FTP를 많이 사용하는데([그림 1-4] 참조), 다음(Daum) 혹은 네이버(Naver)에서 검색하여 다운받으면 되며, 사용방법은 검색하여 읽어보면 된다.

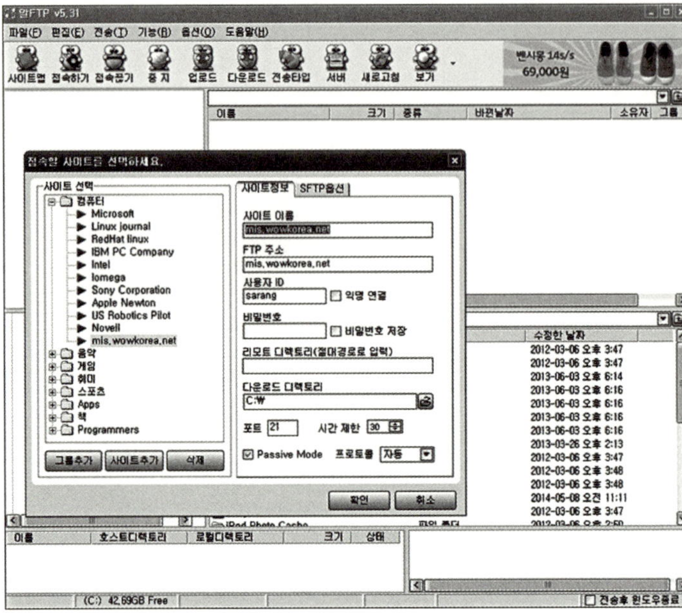

그림 1-4 FTP

7.3 상품사진 촬영 및 조명 구입

디카 혹은 휴대폰을 사용하여 상품사진을 촬영해야 하며, 이를 위해서는 조명장치를 구입하는 것도 필요하다. 즉, 상품을 판매하기 위해서는 상품사진을 보기 좋게 촬영하는 것이 필요한데, 가정에서 사용하는 형광등 아래에서 촬영해 보면 상품이 흐리게 보이기 때문에 별도의 조명장치를 구입하는 것이 좋다.

제2장

하루 만에 인터넷쇼핑몰 만들기

제3장에서 메이크샵 솔루션의 모든 메뉴 및 기능들을 설명하고 있는데, 실제로 인터넷쇼핑몰을 개발하기 위해서는 모든 메뉴들을 사용해야 하는 것은 아니다. 이에 따라 제2장에서는 처음으로 인터넷쇼핑몰을 만들고자 하는 창업자들을 위해서 몇 가지의 중요한 메뉴들만 활용하여 인터넷쇼핑몰을 만들 수 있는 절차 및 기능들을 설명할 것이다. 또한 본장에서 만든 인터넷쇼핑몰을 사용하면서 추가되어야 할 기능 혹은 메뉴에 대해서는 제3장에서 설명하고 있는 메이크샵 솔루션의 메뉴들을 활용하여 추가적으로 수정하거나 보완하면 될 것이다.

한편, 메이크샵(www.makeshop.co.kr)에서 하루 만에 인터넷쇼핑몰을 만들고 창업을 하기 위해서는 먼저 메이크샵에 회원가입을 해야 한다. 또한 본 저서에서 사용된 모든 포토샵 이미지들은 창업길라잡이 카페(http://cafe.daum.net/isoho2jobs)의 [창업강의실+실습교육] 게시판의 "[하루 만에 인터넷쇼핑몰 창업하기] 포토샵 이미지"에 등록되어 있다.

1. 로고 및 배너의 설정

인터넷쇼핑몰 로고 및 배너의 설정은 [쇼핑몰 구축]-[쇼핑몰 디자인 설정 시즌2]에 설명되어 있는데, 먼저 포토샵을 활용하여 로고 이미지를 제작한 후에 [그림 2-1]과 같이 [로고/배너 및 복사방지 설정]-[쇼핑몰 로고 등록]에서 등록하면 된다. 또한 배너는 최대 10개까지 등록할 수 있으며, [로고/배너 및 복사방지

그림 2-1 로고 및 배너의 설정

설정]-[쇼핑몰 배너 등록 및 관리]에서 등록하면 된다. 로고 및 배너를 등록한 후에는 오른쪽 상단에 있는 [마이샵]을 클릭하여 로고 및 배너가 제대로 등록이 되었는가를 확인하면 된다.

2. 메인 소개글

메인 소개글은 쇼핑몰 메인 중앙에 노출되는 인터넷쇼핑몰에 대한 소개글인데, 직접 HTML로 꾸미거나 이미지, 플래시, 플래시 배너 등록으로 사용이 가능하다. 메인 소개글은 [쇼핑몰 구축]-[쇼핑몰 기본정보 설정]-[인사말/메인소개글]에서 설명하고 있는데, 포토샵으로 이미지를 제작한 후에 [인사말/메인소개글]의 [메인소개글]에서 이미지를 등록한 후에 [인사말/메인소개글] 페이지에 있는 [텍스트 박스]에 반드시 '[MAINLOGO]'를 입력한 후에 [확인]을 클릭하여 저장하면 된다. 메인 소개글을 등록한 후에는 오른쪽 상단에 있는 [마이샵]을 클릭하여 [그림 2-2]와 같이 메인 소개글이 제대로 등록이 되었는가를 확인하면 된다.

그림 2-2 이벤트 알리미의 설정

3. 쇼핑몰 고객센터 및 은행계좌 입력

인터넷쇼핑몰을 이용하는 고객들을 위해 전화 혹은 채팅상담을 하기 위해서 평일, 주말 및 공휴일에 상담이 가능한 시간을 알려주어야 하며, 계좌로 입금할 고객을 위해서는 은행계좌도 알려주어야 한다. 이것에 대해서는 [쇼핑몰 구축]－[쇼핑몰 디자인 설정 시즌2]에서 설정하면 되는데, [고객센터 및 은행계좌 설정]에서 입력하면 된다. 입력이 완료된 쇼핑몰 고객센터 및 은행계좌는 쇼핑몰의 왼쪽 메뉴에 노출이 되는데, [마이샵]을 클릭하여 확인하면 된다.

4. 이벤트 알리미 관리

인터넷쇼핑몰에서 할인행사, 배송비 무료 이벤트, 특별 사은품의 지급 등의 이벤트를 할 때에는 인터넷쇼핑몰의 오른쪽에 움직이는 알리미를 설정하는 것이 매출을 향상시키는 데 도움이 된다. 이벤트 알리미의 설정은 [고객이벤트]－[쇼핑몰 이벤트/사은품 기능]－[이벤트 알리미 관리]에서 하면 된다.

① 이벤트 알리미 디자인을 선택한다.

② 이벤트 알리미의 위치를 다음과 같이 설정하면 된다.

i) 이벤트 알리미 왼쪽위치: 800

ii) 이벤트 알리미 상단위치: 50

③ 이벤트 알리미의 움직임을 설정한다.

④ 이벤트의 내용을 입력한다.

⑤ [확인]을 클릭하여 저장한다.

⑥ [마이샵]을 클릭하여 확인한다.

5. 게시판 만들기

인터넷쇼핑몰을 이용하는 고객을 위해 다양한 타입의 게시판을 만들 수 있는데, [게시판/메일] – [게시판 관리] – [게시판 만들기]에서 만들면 된다. 게시판 만들기는 게시판 타입의 설정, 디자인 설정 및 기본기능 설정의 3가지 작업이 수행되어야 한다.

1) 게시판 타입을 선택하는데, 일반게시판이 가장 많이 사용된다.

① 일반게시판

② 갤러리 게시판

③ 미니홈피 게시판

④ 방명록 게시판

⑤ 300M 자료실

⑥ 컨텐츠링크 게시판

⑦ 동영상 게시판

⑧ 운영자 일기2 게시판

2) 다양한 기능과 디자인을 자유롭게 선정한다.

3) 아래의 기본기능을 설정한다.

① 게시판 제목

② 게시판 접근 여부

③ 게시판 정보수집 여부

④ 작성자 표시 구분

⑤ 개별상품 문의 기능/상품리뷰 게시판기능/게시판 연결

⑥ 게시판 관리자 명칭

⑦ 댓글 기능

⑧ 답변 기능

⑨ 게시글 처리상태 설정 기능

⑩ 게시판 비밀번호

⑪ 게시글 추천 기능

⑫ 에디터 사용 여부

⑬ 게시글 검색시 답변글 노출 여부

⑭ 회원게시물 검색기능

⑮ 게시글 등록시 SMS 수신 여부

⑯ 게시글 등록시 메일 수신 여부

4) [신규 게시판만들기]를 클릭하여 저장한다.

5) [마이샵]을 클릭하여 [그림 2-3]과 같이 만든 게시판을 확인한다.

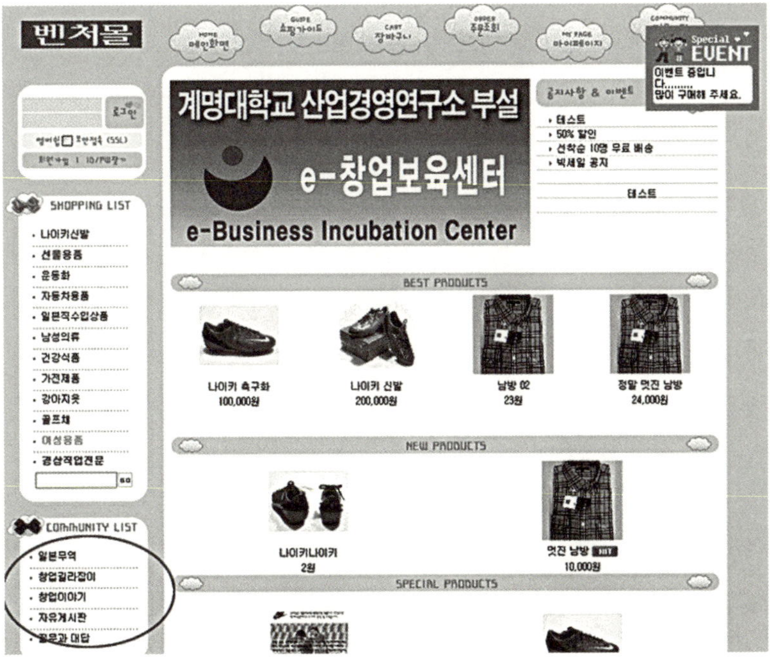
벤처몰
계명대학교 산업경영연구소 부설
e-창업보육센터
e-Business Incubation Center
BEST PRODUCTS
NEW PRODUCTS
SPECIAL PRODUCTS
SHOPPING LIST
COMMUNITY LIST
Special EVENT

그림 2-3 게시판 만들기

6. 대분류/중분류/소분류 만들기

인터넷쇼핑몰에 상품을 등록하기 위해서는 상품을 등록할 대분류/중분류/소분류를 만들어야 하는데, 이것에 대해서는 [상품관리]－[판매상품 기본관리]에서 만들면 된다. 즉, [그림 2-4]에서와 같이 [상품 분류 등록/수정/삭제]에서 [대분류 만들기]를 클릭한 후에 "대분류명 입력"창에서 대분류명을 입력한 후에 [추

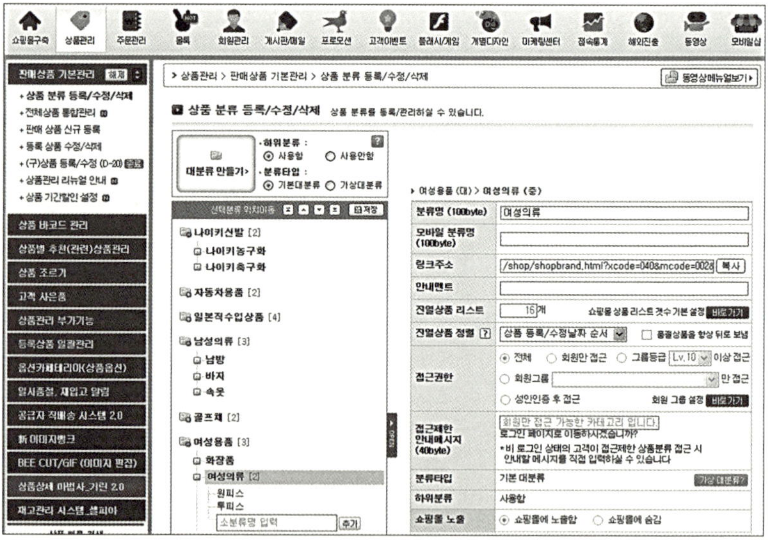

그림 2-4 상품분류의 등록

가] 버튼을 클릭하면, "중분류명 입력"창이 나타난다. 중분류명을 입력한 후에 [추가] 버튼을 클릭하면, "소분류명 입력"창이 나타난다.

또한, 대분류, 중분류, 소분류 중에서 삭제를 원하면, 마우스로 클릭한 후에 오른쪽 하단에 있는 [선택분류 삭제] 버튼을 클릭하면 되며, [확인] 버튼을 클릭하면 만들어진 대분류, 중분류 및 소분류의 내용들이 [그림 2-5]와 같이 저장이 된다. 한편, HTML

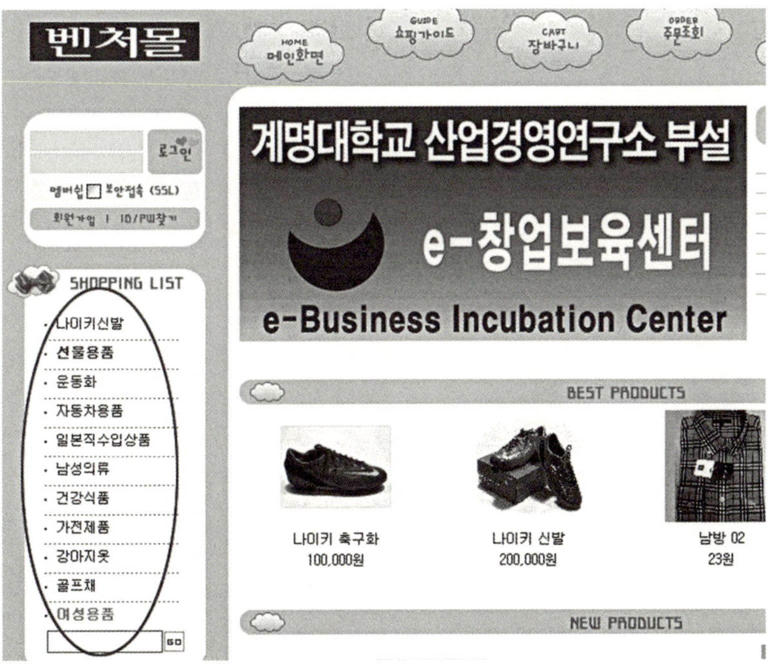

그림 2-5 대분류/중분류/소분류 만들기

명령어를 사용하여 대분류명을 검정색이 아닌 다른 칼라색으로 표시할 수도 있다. 예를 들어 대분류 "선물용품"을 붉은색으로 표시하려면, 아래의 HTML 명령어를 사용하면 된다.

```
<font color=red><b>선물용품</b></font>
```

7. 상품등록하기

상품을 등록할 대분류/중분류/소분류를 만든 후에는 상품을 등록하게 되는데, 상품을 등록하기 위해서는 아래의 몇 가지 준비가 필요하다.

① 포토샵으로 제작한 상품이미지

② 상품가격 및 상품에 대한 설명

③ 상품이미지를 등록할 이미지 호스팅 사이트: 메이크샵에서는 매월 55,000원을 납부하는 경우에 상품이미지를 무료로 등록할 수 있도록 웹FTP를 제공하고 있으며, 추가 용량을 사용해야 하는 경우에는 쇼핑몰 전문 이미지 호스팅인 이미지뱅크를 사용하면 된다.

④ HTML 명령어에 대한 이해: HTML 명령어를 사용할 수 있는 경우에는 상품상세정보 페이지를 잘 만들 수 있는데, 이를 통해 고객들이 상품에 대해 조금 더 쉽고 빠르게 이해할 수 있어서 매출 증대에도 도움이 된다.

이러한 몇 가지의 준비가 되었으면, 본격적으로 상품을 등록하면 되는데, 상품은 [상품관리]−[판매상품 기본관리]−[판매 상품 신규 등록]에서 등록하면 된다.

판매상품의 신규 등록을 위해서는 아래 사항들에 대해 꼭 필요한 내용들만 입력한 후에 [상품등록]을 클릭하면 된다. 즉, 모두 입력할 필요가 없으며, 상품의 효과적인 판매를 위해 반드시 필요한 필수항목(*)으로 지정된 사항들만 입력해도 충분하다.

① 상품 기본정보

② 상품 노출 설정

③ 옵션 설정

④ 기본이미지 등록

⑤ App 전용이미지 등록

⑥ 다중이미지 활용

⑦ 상품 상세 동영상 노출하기(무료)

⑧ 상품 상세정보 입력

⑨ 모바일 상세보기

⑩ 소스 복사하기

⑪ 상품 아이콘 설정

⑫ 사입/도매업체 선택

⑬ 상품 이벤트/제한 설정

⑭ 상품별 개별 배송비 설정

⑮ 상품 해외배송 설정

⑯ 상품상세 공통정보

⑰ 상품메모 등록

위에서 '⑧ 상품 상세정보 입력'에서는 '직접 HTML로 입력하기'를 선택한 후에 웹FTP를 활용하여 등록한 상품이미지 파일의 이미지경로 주소를 입력하면 된다. 한편, 상업용 상품이미지 서버를 활용하여 상품이미지를 등록한 경우에는 아래와 같은 형식의 HTML 명령어를 사용하여 이미지경로 주소를 입력하면 된다.

```
〈img src="http://www.mis.or.kr/images/new_main_13.gif"〉
```

위의 HTML 명령어는 웹사이트(www.mis.or.kr) 내의 폴더(images) 안에 저장되어 있는 이미지 파일(new_main_13.gif)을 불러와서 웹브라우저(internet explorer) 화면에서 보여 달라는 의미로 해석할 수 있다. 옥션, G마켓 등의 오픈마켓에서의 상품 등록에서 상세정보를 만들 때에 사용하는 명령어이며, 상품이미지 호스팅 사이트에 상품이미지를 등록하면 파일경로가 자동으로 생성되기 때문에 복사하여 사용하면 된다.

8. 기타 여러 기능들을 활용하여 인터넷쇼핑몰 완성하기

위에서 초보수준의 인터넷쇼핑몰을 만들 수 있는 방법에 대해서 설명을 하였는데, 인터넷쇼핑몰을 완성하기 위해서는 몇 가지의 작업이 더 필요하다. 첫째, 인터넷쇼핑몰을 완성하기 위해서는 3장에서 설명하고 있는 아래의 메뉴(혹은 기능)들을 살펴보면서 수정 및 보완하면 된다. 둘째, 경쟁관계에 있는 인터넷쇼핑몰들을 접속하여 살펴보면서 아래의 메뉴들이 어떻게 설정되어 있는가를 살펴보는 것도 도움이 될 것이며, 어떻게 차별화 혹은 특성화시킬 것인가를 생각하는 것이 매출 향상에 도움이 된다.

8.1 쇼핑몰 기본정보 관리

① 쇼핑몰 기본정보 관리: 메이크샵(www.makeshop.co.kr)에 처음 가입했을 때에 등록한 회사정보를 수정할 수 있으며, 관리 ID를 제외한 나머지는 모두 수정이 가능하다.

② 쇼핑몰 도메인 관리: 인터넷쇼핑몰에 도메인 주소(URL)를 연결할 수 있다.

③ 인사말/메인소개글: 브라우저 상단의 쇼핑몰 인사말 및 쇼핑몰 메인 중앙의 메인 소개 글을 등록할 수 있다.

④ 고객응대 관련정보: 고객 응대에 필요한 기본 정보를 입력할 수 있다.

⑤ 쇼핑몰 소개 및 약도: 회사소개 및 약도를 등록하거나 관리할 수 있다.

⑥ 메인/상품 화면 설정: 쇼핑몰에 디스플레이되는 상품의 이미지와 리스트를 설정 관리할 수 있다.

8.2 쇼핑몰 디자인 설정 시즌2

① 쇼핑몰 디자인 설정_원스탑: 원하는 디자인 템플릿을 선택하면, 원스탑으로 쇼핑몰의 메인/세부페이지 디자인이 완성된다. 하지만, 템플릿 참여업체 인기디자인(3,000개의 스킨 판매중)에서 쇼핑몰 디자인을 구입하는 것이 조금 더 경쟁력이 있는 인터넷 쇼핑몰의 개발을 완료하기 위해서 필요할 것이다.

② 고객센터 및 은행계좌 설정: 쇼핑몰 왼쪽메뉴에 노출되는 고객센터 및 은행계좌를 입력할 수 있다.

③ 로고/배너 및 복사방지 설정: 쇼핑몰 로고와 쇼핑몰 왼쪽메뉴의 배너를 등록할 수 있으며, 쇼핑몰 복사방지를 설정할 수 있다.

④ 하단 프로모션 로고 모음: 쇼핑몰 하단에 프로모션용(보안

서버/카드결제/신용카드/공정위/에스크로 등) 로고를 노출시켜서 쇼핑몰의 신뢰도를 높일 수 있다.

8.3 쇼핑몰 결제서비스 설정

① 통합결제 신청: 메이크샵에서는 쇼핑몰 운영자가 전자결제(PG)회사를 자유롭게 선택할 수 있도록 국내 최대인 5개의 전자결제(PG)회사와 제휴하여 가장 좋은 서비스를 제공할 수 있도록 지원하고 있다. 또한 선택한 전자결제(PG)회사의 카드결제와 실시간 계좌이체를 한 번의 신청으로 등록할 수 있다.

② 휴대폰 결제 소개/신청: 휴대폰 번호와 주민등록번호, SMS 인증번호 입력을 통해 즉시 결제하고 결제금액은 이동통신요금으로 후불 청구되는 결제 서비스이다.

8.4 쇼핑몰 운영기능 설정

① 운영자/부운영자 관리: 쇼핑몰을 운영할 운영자와 부운영자 신규 등록 및 권한을 설정/관리할 수 있다,

② 상품 반품/환불 조건: 교환/반품/환불에 대하여 설정할 수 있다.

8.5 쇼핑몰 관리기능 설정

① 회원 적립(예치)금/쿠폰: 쇼핑몰 회원에게 적립금/쿠폰을 부여할 수 있는 기능을 선택할 수 있다.

② 회원 관련 특수조건 설정: 회원 가입양식에 필요한 부분을 추가할 수 있는데, 신규 회원들에게 회원가입을 할 때에 너무 많은 정보들을 입력하라고 요구하는 것은 바람직하지 못할 수 있다.

8.6 판매상품 기본관리

① 상품 분류 등록/수정/삭제: 상품 분류를 등록/관리할 수 있다.

② 판매 상품 신규 등록: 쇼핑몰에서 판매할 상품을 신규 등록할 수 있다.

③ 등록 상품 수정/삭제: 쇼핑몰에 등록되어 있는 상품을 수정/삭제할 수 있다.

8.7 고객 사은품

① 고객 사은품 설정: 고객이 주문시, 가격대별로 선택이 가능한 무료 사은품을 설정할 수 있다.

② 고객 사은품 등록/관리: 고객이 주문시, 가격대별로 선택이 가능한 무료 사은품을 등록/관리한다.

8.8 상품관리 부가기능

① 상품 상세 공통정보 입력: 배송/AS/환불 등 상품 설명 하단에 공통으로 들어갈 수 있는 내용을 설정할 수 있다.

② 상품 적립금 일괄수정: 쇼핑몰의 상품 적립금을 일괄 수정할 수 있다.

③ 판매상품 가격 일괄수정: 쇼핑몰의 상품가격을 일괄 수정할 수 있다.

8.9 등록상품 일괄관리

① 등록상품 이동/복사/삭제: 쇼핑몰의 상품을 편리하게 이동/복사/삭제할 수 있다.

② 메인상품 상품 진열 관리: 메인상품의 진열순서를 조정할 수 있다.

③ 등록상품 진열순서 조정: 등록상품의 진열순서를 조정할 수 있다.

④ 메인화면 상품 일괄삭제: 쇼핑몰 메인화면에 등록되어 있는 상품을 한꺼번에 삭제할 수 있다.

한편, [그림 2-6]에서와 같이 메이크샵에 로그인을 한 후에 오

그림 2-6 도메인 기관이전, 관리자 매뉴얼, 원스탑 창업

른편 하단에 보면 도메인 기관이전, 관리자 매뉴얼, 원스탑 창업에 대한 추가적인 정보를 제공하고 있다. 특히 '관리자 매뉴얼'에서는 인터넷쇼핑몰을 처음으로 개발하는 창업자들을 위해서 본서의 2장과 3장에서 설명하는 다양한 메뉴 혹은 기능들에 대해 추가적인 설명을 제공하고 있다. 따라서, 인터넷쇼핑몰을 개발하거나 운영하면서 이러한 메뉴 혹은 기능들을 꼼꼼하게 살펴보는 것이 필요할 것이다.

제3장

메이크샵의 주요 메뉴 활용하기

메이크샵(www.makeshop.co.kr)은 국내 최고의 인터넷쇼핑몰 전문회사이며, 메이크샵에서 개발한 인터넷쇼핑몰 솔루션은 초보자들도 2~3일만 공부하면 인터넷쇼핑몰을 만들 수 있다는 장점이 있다. 메이크샵에서 회원가입을 한 후에 로그인을 하면 [그림 3-1]과 같이 접속이 되는데, 다양한 메뉴들을 활용하여 인터넷쇼핑몰을 만들게 된다.

한편, 메이크샵을 활용하여 인터넷쇼핑몰을 개발할 때에 미리 알아 두어야 할 사항들은 다음과 같다.

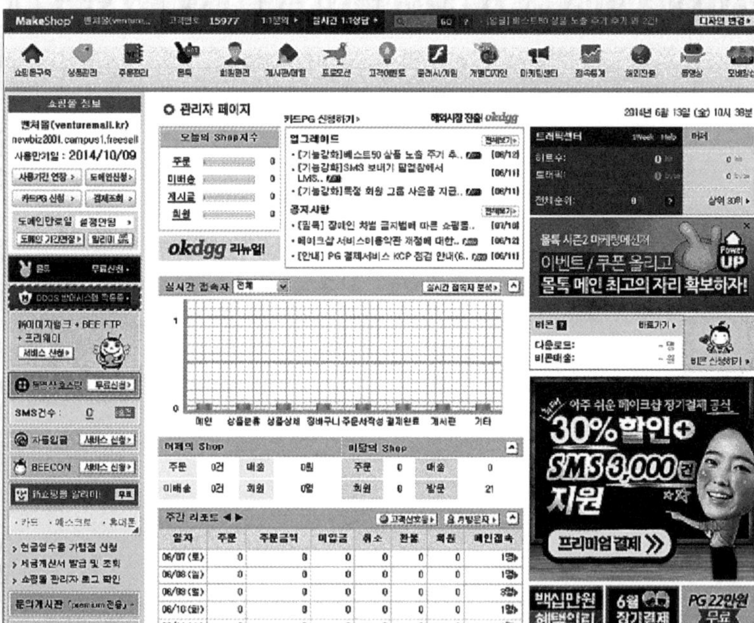

그림 3-1 메이크샵에서의 인터넷쇼핑몰 만들기 화면

① 메이크샵에 회원가입을 한 후에 아래에서 설명할 메뉴와 기능들을 활용하면 2~3일 이내에 인터넷쇼핑몰을 만들 수 있는데, 인터넷쇼핑몰을 만들기 위해서 사전에 배워야 할 것이 상당히 많을 것이라고 생각할 수 있다. 하지만, 메이크샵에서는 일반적으로 운영하는 인터넷쇼핑몰 방식을 기준으로 가장 많이 사용하는 최적의 상태로 미리 설정해 두었기 때문에 초보 창업자들도 쉽게 인터넷쇼핑몰을 만들어서 운영할 수 있다. 즉, 메이크샵에서 미리 설정한 기능들 중에서 일부 메뉴의 설정만 수정하여 사용하면 된다.

② 아래에서 설명하는 기능들을 활용하여 인터넷쇼핑몰을 만드는 경우에 [그림 2-1]의 오른편 상단에 있는 [마이샵]을 클릭하여 수정된 내용을 수시로 확인하는 것이 필요하다.

③ 인터넷쇼핑몰은 개발이 완료되면 장기적으로 계속 사용한다는 생각보다는 수시로 변경할 수 있다는 생각을 하는 것이 필요한데, 계절별로 변경이 될 수도 있고 특별한 이벤트에 맞추어 일부 메뉴가 수정될 수도 있을 것이다. 따라서 처음부터 완벽한 인터넷쇼핑몰을 만들어야 한다는 생각을 굳이 할 필요가 없으며, 인터넷쇼핑몰을 운영하면서 조금씩 수정하고 보완하면 된다.

④ 인터넷쇼핑몰을 효과적으로 개발하는 가장 좋은 방법은 벤치마킹을 하는 것이다. 즉, 매출이 많이 오르고 있는 다른 인터넷쇼핑몰을 자주 살펴보고 직접 상품구매도 해 보면서 어떤 기능들을 제공하고 있는가를 조사해 보는 것이 필요하다. 이를 통하여 고객들이 선호할 수 있는 기능들을 추가적으로 제공하거나 차별화시키는 것도 좋을

것이다.

⑤ 인터넷쇼핑몰 개발 및 운영에 대한 경험이 전혀 없는 창업자들의 경우에는 제2장을 먼저 읽어가면서 인터넷쇼핑몰을 만든 후에 제3장을 공부하는 것이 가장 좋은 방법이 될 수 있다. 즉, 인터넷쇼핑몰의 핵심 기능들만 사용하여 간단한 인터넷쇼핑몰을 만들어 본 후에 추가적인 기능들은 제3장에서 확인하여 수정 · 보완하면 될 것이다.

⑥ 아래에서 설명하는 모든 메뉴들에 대한 설명은 메이크샵에서 회원가입을 한 후에 로그인을 하면 자세하게 확인할 수 있는데, 천천히 읽어가면서 수정하거나 설정을 하면 된다. 또한 위에서 설명하였듯이 [마이샵]을 클릭하여 수정된 상태를 반드시 확인해야 한다.

⑦ 창업자의 인터넷쇼핑몰에서 어떤 상품을 판매하는가에 따라 혹은 인터넷쇼핑몰 운영의 목적에 따라 메뉴의 차별적인 활용이 필요할 것이다. 예를 들어, 인터넷쇼핑몰을 독립형 창업이 아니라 프랜차이즈 창업을 하기 위해 개발한다면, 독립형 창업과 비교하여 상당히 차별적인 메뉴의 활용이 필요하기 때문이다.

1. 쇼핑몰 구축

1.1 쇼핑몰 기본정보 설정

① 쇼핑몰 기본정보 관리: 메이크샵(www.makeshop.co.kr)에 처음 가입했을 때에 등록한 회사정보를 수정할 수 있다.

② 쇼핑몰 로그인 보안서비스: 운영하는 인터넷쇼핑몰에 로그인하면 즉각 SMS로 로그인 여부를 통보해 주는 기능인데, 아이디 혹은 패스워드가 해킹되었을 경우를 생각하여 설정하는 것이 필요하다.

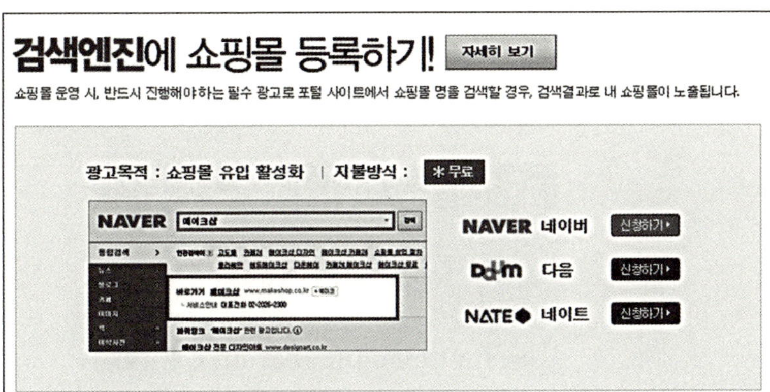

그림 3-2 검색엔진 등록서비스

③ 쇼핑몰 도메인 관리: 쇼핑몰에 도메인 주소(URL)를 연결할 수 있는데, 쇼핑몰 오픈 전에는 반드시 내 쇼핑몰의 주도메인을 연결해야 정상적인 쇼핑몰 운영이 가능하다. 도메인 주소가 없는 경우에는 이곳에서 혹은 메이크샵이 운영하고 있는 싼도메인(www.ssandomain.com)에서 직접 구입할 수 있다.

④ 쇼핑몰명/검색키워드: 쇼핑몰 이름 및 고객이 검색시 노출되는 키워드를 등록하며, 메이크샵에서는 [그림 3-2]와 같이 검색엔진에 인터넷쇼핑몰의 등록 서비스도 제공하고 있다.

⑤ 인사말/메인소개글: 웹브라우저 상단의 쇼핑몰 인사말, 브라우저 주소창의 파비콘(favicon), 쇼핑몰 메인 중앙의 메인소개글을 등록할 수 있다. 예를 들어, 메인소개글은 쇼핑몰 메인 중앙에 노출되는 메인소개글이며, 직접 HTML로 꾸미거나 이미지, 플래시, 플래시 배너 등록으로 간단하게 사용이 가능하다 ([그림

그림 3-3 메인소개글 등록

3-3] 참조). 이미지를 노출시키기 위해서는 [텍스트 박스]에 반드시 [MAINLOGO]를 입력해야 한다.

⑥ IP 접속제한 설정: 경쟁사의 관리 IP나 노출을 피하고 싶은 회원 등의 IP를 입력하여 접속을 제한할 수 있다.

⑦ 고객응대 관련정보: 고객 응대에 필요한 기본 정보를 입력한다.

⑧ 쇼핑몰 소개 및 약도: [그림 3-4]와 같이 회사소개 및 약도를 등록/관리할 수 있다.

⑨ 약관/개인정보 취급방침: 메이크샵에서는 공정거래위원회의 표준약관을 제공하고 있으며, 쇼핑몰의 약관/개인정보 취급방침을 변경할 수 있다.

⑩ 로봇 배제 표준 적용: 검색엔진에 의한 쇼핑몰의 검색 노출범위를 설정할 수 있다.

⑪ 상품 청약철회 관련방침: 청약철회(반품/환불) 관련방침에 대한 소비자(회원) 동의를 받을 수 있다.

⑫ 메인/상품 화면 설정: 쇼핑몰에 디스플레이되는 상품의 이미지와 리스트를 설정 관리할 수 있으며 필요에 따라 수시로 변경할 수도 있다.

⑬ 상품명/가격 노출 설정: 메인화면, 상품분류 및 검색결과에 노출되는 상품명 및 판매가격에 대한 노출 조건을 선택할 수 있는데, 현재 설정된 것과 같이 사용해도 무방하다.

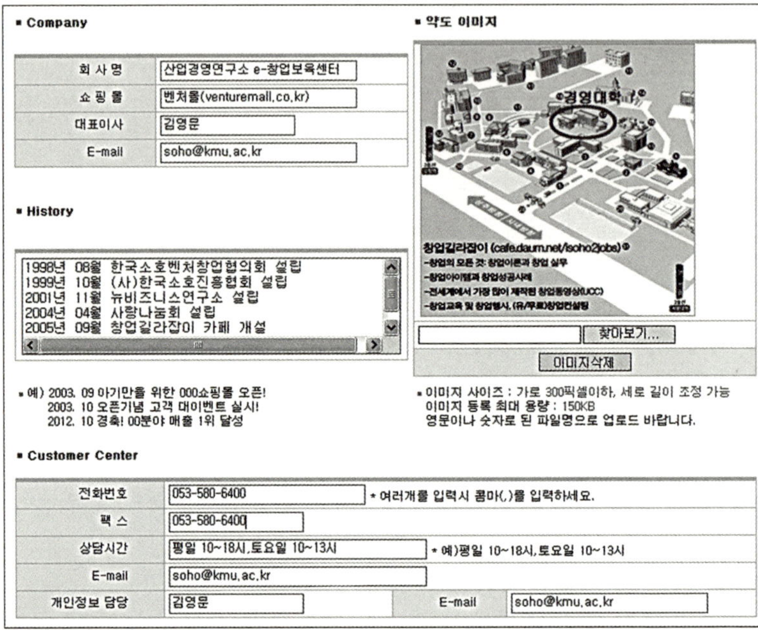

그림 3-4 쇼핑몰 소개 및 약도

⑭ 상품 화면 부가 설정: 쇼핑몰 상품에 대한 여러가지 옵션의 노출 및 부가 설정을 선택할 수 있다. 메이크샵에서 쇼핑몰 운영에 필요한 최적의 상태로 기본 설정되어 있기 때문에 수정하지 않고 그대로 사용해도 된다.

⑮ 상품상세 멀티옵션 담기: 상품상세 페이지에서 옵션을 다중 선택하여 장바구니에 담을 수 있다.

⑯ 상품상세 포커스인 설정: 상품상세 페이지에 이미지를 확

대해서 보여줄 수 있다.

⑰ 쇼핑몰 화면 부가설정: 상품 미리보기 + 즉시결제 기능과 동시에 상품 이미지/페이지에 여러 효과를 설정할 수 있다.

⑱ 쇼핑몰 바로가기 아이콘: 회원의 컴퓨터에 쇼핑몰 바로가기 아이콘을 만들어 간편하게 접속할 수 있다.

⑲ 고정 쇼핑탭 설정: 쇼핑몰 하단에 장바구니, 오늘 본 상품, 위시리스트에 담긴 내용을 한눈에 확인할 수 있다.

⑳ 외부 스크립트 연동: 외부 스크립트가 쇼핑몰 속도에 영향을 주지 않도록 입력이 가능하며, 외부 스크립트 입력시에 스크립트의 실행이 제일 마지막에 처리되어 속도에 영향을 미치지 않는다.

1.2 쇼핑몰 완벽 보안서버 설정

보안서버는 인터넷상에서 개인정보(주민번호, 계좌번호, 신상 등)를 암호화하여 송수신하는 기능이 탑재된 쇼핑몰 또는 웹사이트를 말하며, 정통부 고시 '영리를 목적으로 개인정보를 수집하는 온라인사업자'가 보안서버 구축대상이 된다.

1.3 쇼핑몰 디자인 설정 시즌2

① 쇼핑몰 디자인 설정_원스탑: 원하는 디자인 템플릿을 선택하면, 원스탑으로 쇼핑몰의 메인/세부페이지 디자인이 완성되며, 템플릿 참여업체들이 개발한 쇼핑몰 디자인(3,000개의 스킨 판매중)을 구입할 수도 있다.

② 원스탑 기본 템플릿 성형: 약간만 수정하면 더 좋아지는 무료 템플릿이며, 저렴한 비용으로 나만의 디자인을 만들어준다.

③ 쇼핑몰 My Page 설정: 쇼핑몰 My Page를 기본형 또는 고급형으로 선택할 수 있다.

④ 고객센터 및 은행계좌 설정: [그림 3-5]와 같이 쇼핑몰 왼쪽메뉴에 노출되는 고객센터 및 은행계좌를 입력할 수 있다.

그림 3-5 고객센터 및 은행계좌 설정

⑤ 로고/배너 및 복사방지 설정: [그림 3-6]과 같이 쇼핑몰 로고와 쇼핑몰 왼쪽메뉴의 배너를 등록할 수 있으며, 쇼핑몰 복사

그림 3-6 쇼핑몰 로고 등록

방지를 설정할 수 있다.

⑥ 하단 프로모션 로고 모음: [그림 3-7]과 같이 쇼핑몰 하단에 프로모션용(보안서버/카드결제/신용카드/공정위/에스크로 등) 로고를 노출시켜서 쇼핑몰의 신뢰도를 높일 수 있다. 인터넷쇼핑몰 창업자의 입장에서는 로고 모음을 통해서 고객이 믿고 상품을 구매할 수 있도록 하는 것이 중요할 것이며, 어떤 로고들을 등록하는 것이 필요할까를 생각해야 한다. 이를 위해서는 다른 인터넷 쇼핑몰들을 방문하여 살펴보는 것이 필요하다. 예를 들어, 보안

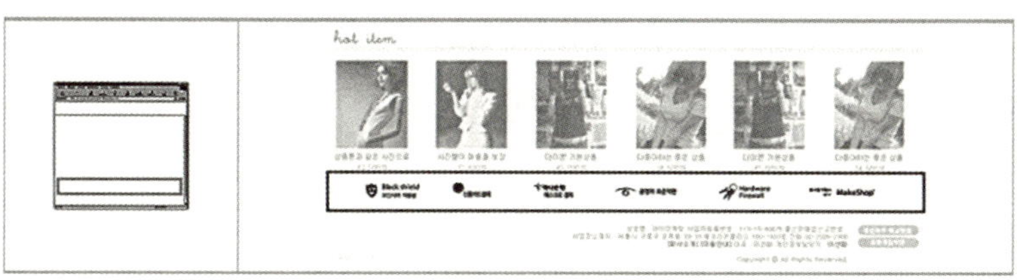

그림 3-7 하단 프로모션 로고 모음, 노출영역

서버, 현금영수증, 인터넷쇼핑몰 보증보험 등을 생각할 수 있다.

⑦ 메일화면/카드결제창 디자인: 쇼핑몰의 메일링 화면 디자인과 카드결제창의 상단이미지를 선택 관리할 수 있다.

1.4 쇼핑몰 결제서비스 설정

① 통합결제(카드, 계좌이체) 소개: 온라인 쇼핑몰 매출향상에 꼭 필요한 결제 서비스인 카드, 실시간 계좌이체, 가상계좌를 한 번에 신청하고 설정할 수 있다.

② 통합결제 신청: 1개의 전자결제(PG) 회사를 선택한 후에 신청하면 된다.

③ 휴대폰 결제 소개/신청: 월 소액결제(30만원 이하) 한도 내에서 자유롭게 결제한 후 휴대폰 요금에 청구되는 후불 결제 서비스로 이용이 점점 증가하는 스마트폰 시대의 필수 서비스이다.

④ 해외결제 소개/신청: 해외 진출을 위해서는 전세계 신용카드 결제가 가능한 Paypal을 사용한다.

⑤ PG 에스크로 표시 안내: 운영중인 '상점 하단 및 소비자 결제 선택' 창에 이용 중인 PG 에스크로 정보를 반드시 노출해야 한다.

1.5 쇼핑몰 운영기능 설정

① 업종별 쇼핑몰 특화기능: 쇼핑몰의 업종별 필요한 기능을 선택할 수 있다.

② 쇼핑몰 메인 타입 설정: 쇼핑몰의 타입을 설정할 수 있다.

③ 운영자/부운영자 관리: 쇼핑몰을 운영할 운영자와 부운영자 신규 등록 및 권한을 설정/관리할 수 있다. 인터넷쇼핑몰 회사에 직원이 있는 경우에 대표자와 직원의 역할을 분담하는 동시에 권한도 달리 설정하는 것이 필요하다. 즉, 대표자가 해야 하는 업무와 직원이 담당해야 하는 업무를 구분하는 동시에, 대표자가 알아야 하는 정보와 직원이 알아야 하는 정보를 구분하는 것을 생각할 수 있다. 이것은 ID의 발급을 통해 설정할 수 있다.

④ 주문/가입창 안내문구: 주문서 작성 페이지에서 필요한 정보를 추가로 입력받을 수 있다.

⑤ 상품 배송관련 조건: 상품의 배송관련 조건을 다양하게 설정할 수 있다.

⑥ 상품 해외배송 설정: 해외배송 연동을 설정할 수 있다.

⑦ 쇼핑몰 결제관련 조건: 상품의 결제관련 조건을 다양하게 설정할 수 있다.

⑧ 상품 반품/환불 조건: 교환/반품/환불에 대하여 설정할 수 있다.

⑨ 무통장 계좌 보안서비스: 쇼핑몰의 계좌를 관리자 핸드폰 인증 후 30분 정도만 등록/삭제할 수 있는 보안서비스이다. 즉, 무통장 계좌번호의 도용을 방지하기 위해 확실한 휴대폰 인증서비스를 도입하여 핸드폰 인증키를 확인한 후에 계좌번호 입력을 할 수 있는 보안서비스이다.

⑩ 상품 당일배송 설정: 당일배송 연동을 설정할 수 있다.

⑪ 엑셀다운로드 보안 서비스: 회원 및 주문정보를 쉽고 안전하게 다운로드 설정할 수 있는 서비스이다.

1.6 쇼핑몰 관리기능 설정

① 회원 적립(예치)금/쿠폰: 쇼핑몰 회원에게 적립(예치)금 및 쿠폰을 부여할 수 있는 기능을 선택할 수 있다.

② 닫힌 포인트 설정: 쇼핑몰 회원에게 포인트를 지급할 수 있는데, 닫힌 포인트는 내 쇼핑몰에 딱 맞는 포인트 정책으로 내 쇼핑몰에서만 서비스할 수 있는 '쇼핑몰 전용 멤버십 서비스'이다.

③ 추천인/추천적립금 관리: 회원을 추천하는 고객에게 추천적립금을 부여할 수 있다.

④ 회원 관련 특수조건 설정: 회원 가입양식에 필요한 부분을 추가할 수 있다.

⑤ 장바구니 관련기능 설정: 장바구니에 관련된 기능을 설정

할 수 있다.

⑥ 포토+상품리뷰(후기) 설정(코멘트/평점타입 후기설정): 고객이 상품에 대한 사용 후기를 작성할 수 있도록 설정할 수 있다.

⑦ 스팸글 등록 방지기능: 게시판 또는 상품 리뷰 등에 스팸로봇이 무작위로 스팸을 등록하는 것을 차단하는 기능이다.

⑧ 택배송장 출력기능 설정: 택배송장에 자동으로 주소를 출력할 수 있는 기능이다.

⑨ 구매상품 비교 기능: 여러 가지 상품을 동시에 한 화면에서 조건을 비교하면서, 고객이 구매할 수 있는 기능이다.

⑩ 휴대폰 기능 사용설정: 휴대폰 인증 서비스는 인터넷에서 생년월일, 성명, 휴대폰 번호 등 최소한의 정보로 본인확인을 할 수 있는 서비스이며, 본인명의의 휴대폰을 소유한 누구나 간편하게 본인확인을 할 수 있다.

⑪ 아이핀 기능 사용설정: 메이크샵은 주민등록번호 오남용을 방지할 수 있는 아이핀 서비스를 본인확인기관인 KCB와 제휴를 통해 제공하고 있으며, 아이핀(i-PIN)서비스는 인터넷 상에서 사용되는 주민등록번호를 대체하는 수단으로 안전하게 인터넷을 이용할 수 있도록 한다.

1.7 쇼핑몰 에스크로 설정

① 에스크로 신청 안내: 공정거래위원회에서는 전자상거래 소비자 보호법률 및 시행령을 통해 전자결제대금 예치제를 의무 시행하는 것을 발표하였다. 또한 2011년 7월부터 에스크로 의무 상품금액이 기존의 10만원 이상에서 5만원 이상으로 변경되었다.

② 에스크로 표시 법적 의무: 인터넷 쇼핑몰 운영자는 반드시 에스크로를 가입한 후에 쇼핑몰 초기화면과 소비자 결제수단 선택 화면 두 곳에 고지해 주어야 한다.

③ 쇼핑몰 에스크로 관련 조건: 쇼핑몰의 결제대금 예치제(에스크로)의 조건 설정 및 신규 신청을 할 수가 있다.

1.8 내 쇼핑몰, 결제 시스템 ID

① 통합결제 ID 관리: 쇼핑몰에 적용된 통합결제(카드, 계좌이체, 가상계좌) ID를 확인/관리할 수 있다

② 에스크로 ID 관리: 에스크로 ID를 관리할 수 있다.

③ 해외 결제 ID 관리: 쇼핑몰에서 Paypal을 이용해서 결제를 받을 수 있다.

④ 기타 결제시스템 ID 관리: 기타 결제시스템(휴대폰/실시간계좌이체 등)의 ID를 관리할 수 있다.

1.9 내 쇼핑몰 알리미

① 메인/서브 도메인 등록: 창업자가 운영하는 쇼핑몰의 메인/서브 도메인을 등록한다.

② 내 도메인 알리미 설정: 창업자가 운영하는 쇼핑몰의 메인/서브도메인을 등록하여, 만기일 관리를 할 수 있다.

1.10 내 쇼핑몰 방문자

카운터를 설치하여 쇼핑몰 방문자를 확인할 수 있는데, 주기적으로 방문자의 수를 점검하여 방문자가 지속적으로 증가하고 있는지 혹은 감소하고 있는지를 확인하는 것이 필요하다.

2. 상품관리

2.1 판매상품 기본관리

1. 상품 분류 등록/수정/삭제

상품 분류를 대분류, 중분류, 소분류로 등록/관리할 수 있는데, 상품 분류를 [그림 3-8]과 같이 등록하는 절차는 다음과 같다.

그림 3-8 상품분류의 등록

① 먼저 분류타입은 '기본대분류'를 선택하고, 중분류 혹은 소분류가 있다면 하위분류를 '사용함'으로 선택한다.

② [대분류 만들기]를 클릭하여 '대분류명'을 입력한다.

③ 위에서 입력한 '대분류명'을 클릭하여 '중분류명'을 입력하고, '중분류명'을 클릭하여 '소분류명'을 입력하면 된다. 이러한 방법으로 대분류에 여러 개의 중분류 혹은 소분류를 만들 수 있다.

2. 전체상품 통합관리

상품 리스트를 검색할 수 있다.

3. 판매상품 신규 등록

쇼핑몰에서 판매할 상품을 신규 등록할 수 있는데, 상품을 신규 등록하기 위해서는 필수항목(*)으로 지정된 것들만 입력해도 된다. 또한 '상품 상세정보 입력'은 '웹편집기로 입력하기' 및 '직접 HTML로 입력하기' 중에서 선택하면 되는데, 일반적으로는 [그림 3-9]와 같이 '직접 HTML로 입력하기'를 선택하여 상품 상세정보를 입력하게 된다. 즉, [상품관리]-[신 이미지뱅크]에 등록되어 있는 상품이미지들의 HTML 주소를 입력하면 된다.

한편, 인터넷쇼핑몰의 개발을 완료하기 위해서 가장 많은 시간을 투자해야 하는 것이 바로 판매상품 신규 등록이라고 할 수 있는데, 이를 위해서는 몇 가지의 준비가 필요하다.

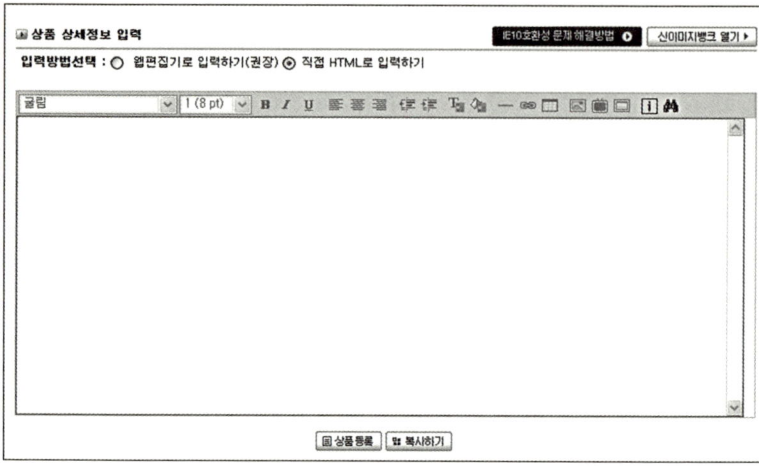

그림 3-9 상품 상세정보 입력

① 디지털카메라를 활용한 상품의 촬영

② 포토샵(photoshop)을 활용한 상품이미지의 제작

③ 가격 및 상품설명 준비

④ 이미지호스팅 서버(신 이미지뱅크)에 상품이미지를 등록

4. 등록 상품 수정/삭제

쇼핑몰에 등록되어 있는 상품을 수정/삭제할 수 있다.

5. 상품 기간할인 설정

신상할인, 기간할인 등 상품 할인설정을 할 수 있다.

2.2 상품 바코드 관리

상품 바코드는 보다 편리하고 신속하게 상품관리를 하기 위해서 사용하는 기능인데, 개인 쇼핑몰 창업자의 경우에는 별로 사용하지 않는다.

2.3 상품별 추천(관련)상품관리

① 추천(관련)상품 진열 관리: 상품 상세화면에서 추천(관련)상품의 사용 여부 및 옵션을 선택할 수 있는데, 각각의 개별 상품에 추천(관련)상품을 연계 노출시키면 새로운 추가 매출을 올릴 수 있다.

② 추천(관련)상품 주문 연동: 추천(관련)상품을 유사한 구매패턴을 가진 회원들의 구매내역을 참고하여 자동으로 보여주는 기능이다.

③ 추천(관련)상품 검색/등록: [그림 3-10]과 같이 상품 상세화면에서 보여지는 추천(관련)상품을 검색, 등록할 수 있다.

2.4 상품 조르기

① 상품 조르기 소개: 상품 조르기는 가지고 싶은 상품 또는

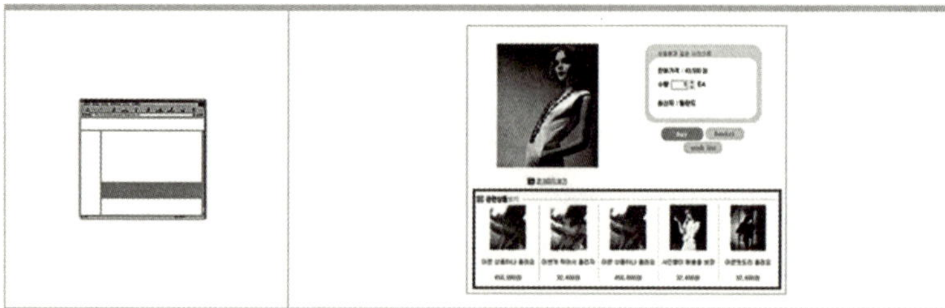

그림 3-10 상품별 추천 상품관리

추천하는 상품 정보를 주변의 가족이나 친구, 연인에게 메일 및 SMS로 발송할 수 있는 기능이다.

② 상품 조르기 설정: 상품 조르기 기능 사용 여부 및 노출 방법을 설정할 수 있다.

2.5 고객 사은품

① 고객 사은품 설정: 고객이 주문시 가격대별로 선택이 가능한 무료 사은품을 설정할 수 있다.

② 고객 사은품 등록/관리: 고객이 주문시 가격대별로 선택이 가능한 무료 사은품을 등록/관리한다.

③ 고객 사은품 진열 관리: 고객 사은품의 진열순서를 조정할 수 있다.

2.6 상품관리 부가기능

① 판매상품 조건설정: 쇼핑몰에서 판매상품의 기간을 설정할 수 있다.

② 실시간 품절현황 조회: 실시간으로 품절된 상품의 내역을 확인할 수 있다.

③ 상품 사입/도매업체 관리: 내 쇼핑몰에서 판매할 상품을 사입 또는 도매로 받을 경우에 사입업체 또는 도매업체 정보를 등록/관리할 수 있다.

④ 상품 상세조건 노출관리: 상품의 조건 중에서 원하는 항목을 상품 상세페이지에 노출/순서 관리를 할 수 있다. 예를 들어, [그림 3-11]에서와 같이, 원산지, 해외 화폐 가격, 브랜드, 모델명, 남은 수량, 배송조건 등을 추가하여 노출시킬 수 있다.

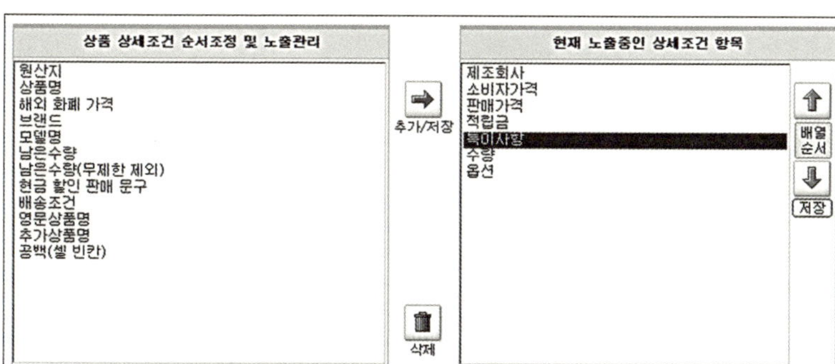

그림 3-11 상품 상세조건 노출관리

⑤ 상품 상세 공통정보 입력: [그림 3-12]와 같이 배송/AS/환불 등 상품 설명 하단에 공통으로 들어갈 수 있는 내용을 설정할 수 있다.

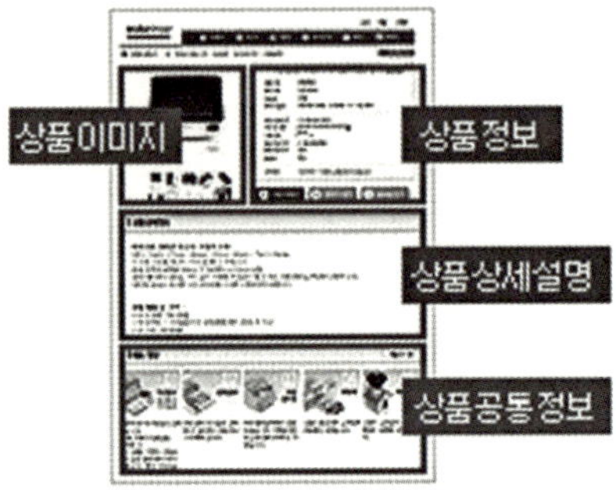

그림 3-12 상품 공통정보

⑥ 상품 적립금 일괄수정: 쇼핑몰의 상품의 적립금을 일괄 수정할 수 있다.

⑦ 판매상품 가격 일괄수정: 쇼핑몰의 상품가격을 일괄 수정할 수 있다.

⑧ 쇼핑몰 이미지 일괄변경: 쇼핑몰의 이미지 사이즈나 테두리 등의 작업을 일괄 수정할 수 있다.

⑨ 상품 일괄 기타기능 설정: 상품에 현금상품, 무이자 상품, 그룹할인 제외 옵션을 일괄로 등록/삭제할 수 있다.

⑩ 상품별 그룹할인 제외 설정: 여러 개의 상품에 할인 제외할

그룹을 등록한다.

⑪ 상품별 배송비 일괄 설정: 상품별 배송비 일괄 설정은 [상품별 무료 배송비, 상품별 추가 배송비 설정]시에만 가능하다.

⑫ 상품 기간할인 일괄등록: 여러 개의 상품에 기간할인 항목을 등록할 수 있다.

⑬ 상품리뷰(사용후기) 관리: 고객이 상품에 대한 사용후기를 작성할 수 있도록 설정할 수 있다.

⑭ Wishlist 보관상품 조회: 쇼핑몰 회원이 Wishlist에 보관한 상품을 확인할 수 있다.

⑮ 가상분류(테마몰) 등록: 가상 분류의 상품을 등록 관리할 수 있다.

⑯ 쇼핑몰 검색순위 조회: 쇼핑몰에서 고객들이 검색한 검색어를 검색횟수 순으로 200개까지 조회할 수 있다. 또한 검색순위를 통해 고객들의 상품 선호도를 바탕으로 해당 쇼핑몰 상품 노출 및 운영에 있어 전략적으로 사용할 수 있다.

2.7 등록상품 일괄관리

① 등록상품 이동/복사/삭제: 쇼핑몰의 상품을 편리하게 이동/복사/삭제할 수 있다.

② 메인상품 진열 관리: 메인상품의 진열순서를 조정할 수 있다.

③ 분류별 프로모션 상품 관리: 다른 분류의 상품도 자유롭게 프로모션 상품으로 표시할 수 있다.

④ 등록상품 진열순서 조정: 등록 상품의 진열순서를 조정할 수 있다.

⑤ 분류별 추천상품 관리: 카테고리별로 추천 상품을 지정할 수 있다.

⑥ 장바구니 지정상품 관리: 장바구니 지정상품의 진열순서를 조정할 수 있다.

⑦ 분류/검색별 상품 일괄관리: 판매중인 상품의 가격/적립금/수량 등을 일괄 수정할 수 있다.

⑧ 품절상품 일괄삭제/관리: 품절된 상품을 전체적으로 삭제 및 등록 등 관리를 할 수 있다.

⑨ 메인화면 상품 일괄삭제: 쇼핑몰 메인화면에 등록되어 있는 상품을 한꺼번에 삭제할 수 있다. 일괄 삭제를 하는 경우에 상품DB가 삭제되는 것이 아니라, 메인화면에서만 보이지 않는다.

⑩ 최다 판매상품 진열 관리: 최다 판매상품의 진열순서를 조정할 수 있다.

⑪ 분류별 베스트 상품관리: 카테고리별 자동 베스트 상품 노출 및 베스트 상품을 지정할 수 있으며, 상품 노출일 지정에서 설정된 날짜까지 상품 분류 베스트 상품이 노출된다.

⑫ 상품/옵션 재고 일괄관리: 상품 및 옵션의 재고 수량을 대

분류별 또는 메인상품별로 확인 후 수정이 가능하다.

⑬ 상품 아이콘 일괄관리: 상품 아이콘을 최대 3개까지 일괄 등록/수정/삭제할 수 있다. 또한 '아이콘 일괄 적용' 기능을 이용하면, 선택된 모든 상품에 동일한 아이콘을 일괄 등록할 수 있다.

⑭ 상품 판매수량 관리: 상품의 판매 수량을 대분류별 또는 메인상품별로 한눈에 확인할 수 있다.

⑮ 판매상품 키워드검색: 쇼핑몰의 전체 상품을 한 번에 검색할 수 있다.

⑯ 상품상세 단어 필터링: 상품 상세 설명 중에서 법적으로 문제가 있는 단어 등을 걸러서 자동으로 바꿔주는 기능이다. 총 20개의 단어를 자동 필터링하도록 설정할 수 있으며, 설정된 단어는 상품상세에서 바꿔 보일 단어로 자동 변환하여 보인다.

⑰ 판매상품 엑셀다운로드: 본인의 PC로 상품(엑셀파일)을 다운받을 때에 다운받는 상품의 목록 및 순서를 지정할 수 있다.

⑱ 판매상품 엑셀업로드: 상품을 엑셀파일로 일괄 업로드할 수 있다.

2.8 옵션카페테리아(상품옵션)

상품에 연결할 옵션을 50개 그룹, 총 500개까지 옵션을 등록/관리할 수 있다.

2.9 일시품절, 재입고 알림

① 일시품절, 재입고 알림 설정: 일시품절 상품 재입고시, 재입고 알림 수신을 신청한 고객들에게 알림 메시지를 발송할 수 있다. 예를 들어, 일시품절된 상품에는 재입고 알림을 신청할 수 있는 버튼을 [그림 3-13]과 같이 노출할 수 있다. 재입고의 알림 메시지을 전달받고 싶은 고객들이 자유롭게 신청할 수 있으며, 재입고 즉시 해당 고객들에게 재입고 알림 메시지를 발송할 수 있다.

② 일시품절, 재입고 알림 관리: 재입고 알림 버튼을 클릭하면, 재입고 알림 신청 리스트 팝업창을 통해 재입고 신청 알림을 신청한 고객들에게 재입고 메시지를 발송할 수 있다.

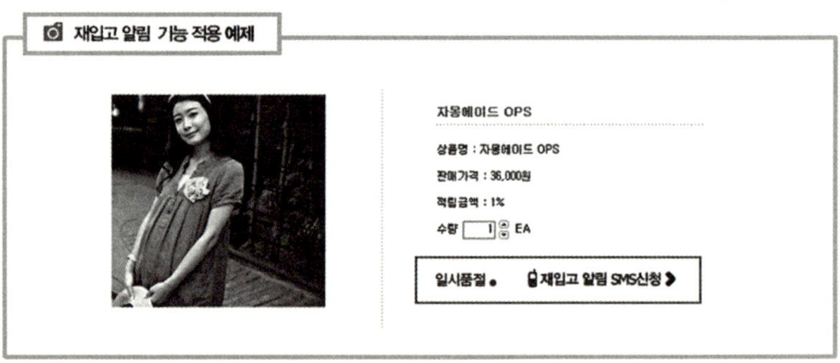

그림 3-13 일시품절, 재입고 알림 설정

2.10 공급자 직배송 시스템 2.0

① 공급자 직배송 배송정책: 공급자 직배송 시스템의 배송비 정책(3가지 형태 중 택 1)을 선택할 수 있다.

② 공급자 직배송 신규등록: 내 쇼핑몰에 직배송 상품을 공급/판매하고자 하는 공급자(MD)를 등록할 수 있다.

③ 공급자 직배송 가입설정: 공급자(MD)를 쇼핑몰에서 신청할 수 있도록 설정한다.

④ 공급자 직배송 입점관리: 내 쇼핑몰에 직배송 상품을 공급/판매하고자 하는 공급자(MD)를 등록/관리할 수 있다.

⑤ 공급자 공지사항 관리: 공급자 관리에서만 확인할 수 있는 공지사항을 작성/수정/삭제한다.

2.11 이미지뱅크

① 이미지뱅크 소개: 이미지뱅크 서비스는 메이크샵이 지원하는 쇼핑몰 전용 이미지 호스팅 서비스이다. 쇼핑몰은 물론 G마켓, 11번가 등 오픈마켓까지 이미지 링크가 가능하다.

② BEE FTP 소개: 메이크샵 이미지뱅크 서비스와 연동되는 BEE FTP는 업로드/다운로드 속도와 안정성을 강화하여 쉽고 빠르게 이미지파일을 관리할 수 있고, 파일전송예약 및 중단된 파

일을 이어서 받을 수 있는 이어받기 등의 다양한 기능을 제공하는 메이크샵의 무료 애플리케이션이다.

2.12 BEE CUT/GIF(이미지 편집)

① BEE CUT 소개: 무료 이미지 편집 솔루션으로 누구나 다운받아서 사용할 수 있다.

② BEE CUT 사용방법: 무료 GIF 이미지를 만드는 솔루션으로 누구나 다운받아서 사용할 수 있다.

2.13 상품상세 마법사_기린 2.0

기린 2.0은 쇼핑몰 상품상세 화면에 보여지는 수십 장의 상품 이미지를 손쉽게 꾸미는 서비스이다. 기존의 이미지 이어붙이기와 텍스트 첨부뿐만 아니라 플래시 효과, 템플릿, 아이콘까지 다양하게 상품이미지를 표현할 수 있다.

2.14 재고관리 시스템_셀피아

셀피아(Sellpia)는 물류시스템을 관리하는 통합관리 솔루션인데, 운영중인 쇼핑몰의 상품 공급자(도매상)와 판매자(운영자) 상호간의 유기적인 연동을 통해 상점의 ‘주문-상품-재고’ 등의 물류시스템을 관리하는 통합관련 솔루션이다.

3. 주문관리

3.1 일자별 주문조회

쇼핑몰 주문현황을 조회할 수 있다.

3.2 주문관리 및 배송관리

① 미배송/미입금 주문관리: 미배송/미입금 처리된 주문을 조회할 수 있다.

② 미배송 상품 사입리스트: 결제가 완료된 주문서 중에서 미배송 상품에 대한 사입리스트를 엑셀로 다운받을 수 있다.

③ 미입금 주문서 자동취소: 미입금 주문서에 대해 자동취소를 위한 기간설정 및 SMS 통보기능을 설정할 수가 있다.

④ 배송/입금일별 주문조회: 배송일자/입금일자를 기준으로 주문을 조회할 수 있다.

⑤ 이름/가격별 외 주문조회: 주문자 이름이나 주문 가격으로 주문서를 조회할 수 있다.

⑥ 개월별 상품명 주문조회: 해당 상품을 주문한 주문서를 조

회할 수 있는데, 먼저 상품명으로 검색 후 검색되어진 상품명을 선택하여 [주문조회]를 클릭하면 된다.

⑦ 주문 시도 주문서 관리: 쇼핑몰에서 고객의 주문시도 현황 및 관리를 할 수가 있다.

⑧ 주문서 엑셀파일 관리: 본인의 PC로 주문서(엑셀파일)를 다운받을 때, 다운받는 주문서의 목록 및 순서를 지정할 수 있다.

⑨ 주문서 일괄 발송준비: 입금+승인 완료된 주문서에 대해서 일괄적으로 발송준비로 변경할 수 있다.

⑩ 주문서 일괄 배송관리: 엑셀파일 업로드를 통해서 송장번호 등록 및 배송완료+송장번호 등록에 대한 일괄처리가 가능하다.

⑪ 주문서 송장번호 스캐닝: 미리 등록된 송장번호의 입력 또는 스캐닝 작업으로 개별적인 배송처리가 가능하다.

3.3 장바구니 및 매출분석

① 장바구니 상품분석: 고객이 장바구니에 담은 상품을 실시간으로 확인/분석할 수 있다.

② 시간별 주문 확인: 선택한 일자에 대해서 시간대별 주문을 확인할 수 있다.

③ 미입금 상품 확인: 최근 1주일간 미입금/미처리 주문에 대

해서 상품별로 내역을 확인할 수 있다.

④ 전체상품 매출분석: 월별/일자별 전체 상품의 매출을 조회할 수 있다.

⑤ 판매상품 월별 순위: 월별 또는 일별 판매된 상품의 순위를 확인할 수 있다.

⑥ 개별상품 매출분석: 월별/일자별 개별 상품의 매출을 조회할 수 있다.

⑦ 쿠폰별 매출분석: 쿠폰을 사용한 주문에 대해서 매출을 확인할 수 있다.

⑧ 회원별 매출분석: 회원의 기간별 주문 누적 매출을 확인할 수 있다.

⑨ 매출대비 이익분석: 판매한 상품의 매출에 대한 이익현황을 분석할 수 있다.

⑩ 결제수단별 매출통계: 결제수단별로 매출통계를 분석할 수 있다.

⑪ 개월별 주문서 삭제: 2개월 이전 주문서에 대한 조건별 삭제와 전체 삭제가 가능하다.

⑫ 에스크로 대상 결제분석: 내 쇼핑몰에서 에스크로를 적용해야 할 결제 건에 대해 예상금액을 확인할 수 있다.

⑬ 고객 적립/예치금 분석: 쇼핑몰 회원의 적립/예치금의 충전현황 및 사용현황을 분석할 수 있다.

3.4 택배 연동 서비스

메이크샵 관리자에서 배송 대기중인 상품 주문서를 우체국 택배 시스템과 연동하여 송장 채번부터 출력까지 쉽고 빠르게 처리할 수 있는 서비스이다.

3.5 현금영수증 관리

현금영수증에 대하여 소득공제나 세액공제의 혜택을 주는 제도로서, 건당 1원 이상 현금 결제시에 영수증 발급이 가능하다.

3.6 BEE BANK(자동입금확인)

BEE BANK(자동입금확인)는 무통장 입금내역과 주문내역을 비교하여, 자동입금확인을 해주는 서비스이다.

3.7 내 결제 시스템 현황 및 신청

내 쇼핑몰에 적용된 결제시스템 현황 및 결제 신청 안내를 받을 수 있다.

3.8 택배박스 & 택배봉투

택배박스 및 택배봉투 등을 구매할 수 있다.

4. 회원관리

4.1 회원관리(회원/CRM 관리하기)

회원 및 추천인에 관련된 모든 정보를 한 페이지에서 관리할 수가 있다.

4.2 회원 쪽지 보내기

회원 쪽지 보내기는 운영자와 쇼핑몰 회원 간에 서로 텍스트 형식의 메시지를 주고받을 수 있는 서비스이며, 운영자에게는 이벤트 홍보 및 문의에 대한 답변 수단으로 활용할 수 있다.

4.3 출석체크 서비스

고객이 쇼핑몰에 로그인을 하거나 출석체크를 했을 때에 출석일이 자동으로 집계되어 적립금 및 쿠폰을 자동으로 지급할 수 있는 기능이다.

4.4 문자(SMS) 발송/관리

① SMS 발송메시지 관리: 문자메시지 서비스의 대한 내용을 관리할 수 있다.

② SMS 사용료 충전하기: 쇼핑몰 고객 프로모션용으로 쓰이는 SMS 사용료의 충전과 SMS 사용료 충전 내역을 확인할 수 있다.

③ SMS 발송내역 관리: SMS발송에 대한 내역들을 확인할 수 있다.

④ SMS 월별 발송통계: SMS 발송 내역에 대해서 월별, 통신사별 통계를 확인할 수 있다.

⑤ SMS 지금바로 보내기: [그림 3-14]와 같이 문자 메시지를 바로 발송할 수 있다.

⑥ 주문 회원 일괄 SMS 발송: 해당 기간 동안 주문한 회원에게 프로모션용 전체 SMS를 발송할 수 있다.

⑦ 매출 통계 SMS 발송: 관리자에게 매출관련된 데이터를 SMS로 통보해 준다.

⑧ SMS 그룹별/전체 발송: 문자메시지를 회원 그룹별 혹은 전체 발송할 수 있다.

⑨ SMS 엑셀 일괄 발송: 원하는 리스트를 엑셀로 만들어서 일괄로 SMS를 발송할 수 있다.

⑩ SMS 예약내역 관리: SMS 그룹/전체 발송에 대한 예약내역

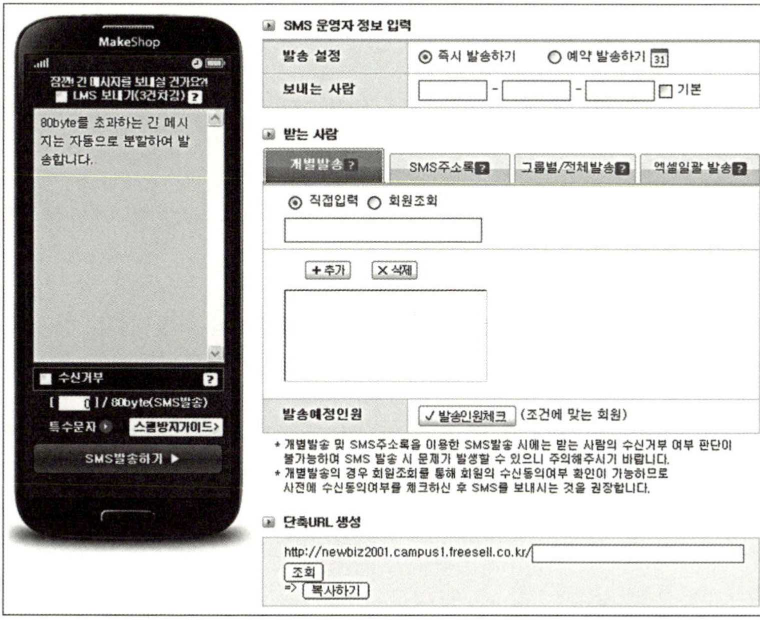

그림 3-14 문자(SMS) 발송

확인 및 삭제할 수 있다.

⑪ SMS 주소록 간단관리: SMS전용 주소록을 만들어, 회원관리를 간단하게 할 수 있다.

⑫ 회원전용 SMS 지급: 회원이 사용할 수 있는 SMS를 지급할 수 있다.

⑬ 회원전용 SMS 지급 내역: 회원에게 지급한 SMS 내역을 확인할 수 있다.

4.5 회원등급별 쇼핑몰 설정

① 회원그룹 신규 생성/삭제: 회원그룹 신규 등록 및 관리를 할 수 있다.

② 그룹별 회원등록/관리: 회원 조건검색을 통해서 원하는 그룹으로 회원을 일괄 등록할 수 있다.

③ 회원 CSV 일괄 그룹등록: CSV(엑셀파일의 확장자)로 정리된 회원에게 일괄적으로 그룹등록을 할 수 있는 기능이다.

④ 그룹별 전체회원 관리: 그룹별 등록된 전체회원 조회/삭제를 할 수 있다.

⑤ 그룹별 자동 등록 설정: 그룹별 주문금액 조건에 맞는 회원을 자동으로 등록시킬 수 있다.

⑥ 자동 등록 회원 확인: 그룹별 설정한 조건 달성으로 자동 등록된 회원 내역을 확인할 수 있다.

4.6 회원관리 프로모션

① 쇼핑몰 회원탈퇴 관리: 탈퇴 신청한 회원들을 조회/관리할 수 있다.

② 적립금 CSV 일괄지급: 적립금 지급을 원하는 회원에게 CSV로 일괄적으로 지급이 가능한 기능이다.

③ 포인트 CSV 일괄지급: 포인트 지급을 원하는 회원에게 CSV로 일괄적으로 지급이 가능한 기능이다.

④ 휴면회원 적립금 소멸관리: 일정기간 로그인을 하지 않은 휴면회원에 대해서 지급된 적립금을 소멸처리할 수 있다.

⑤ 미사용 적립금 소멸관리: 지급된 적립금 중 미사용 적립금에 대한 소멸처리를 할 수 있다.

⑥ 적립금/쿠폰 수기 지급 조회: 관리자 및 부운영자가 수기로 적립금/쿠폰을 지급한 내역을 조회할 수 있다.

⑦ 적립금 지급요청 관리: 적립금 지급요청에 대한 권한이 있는 부운영자의 적립금 요청 내역을 확인할 수 있다.

⑧ 생일/기념일 축하 이벤트: 회원의 기념일에 적립금/쿠폰 지급 및 SMS 축하 메시지를 자동 발송할 수 있다.

⑨ 회원정보 수정 이벤트: 회원정보 수정시 혜택 지급 이벤트를 설정할 수 있다.

⑩ 메일/SMS 엑셀 수신거부: 사용자별 메일/SMS 수신거부 내역 확인 및 변경을 할 수 있다.

4.7 왕대박 쿠폰 발행서비스

① 새로운 쿠폰만들기: 고객에게 주고 싶은 모든 종류의 쿠폰을 자유롭게 만들 수 있다.

② 만든 쿠폰, 즉시 발급: 운영자가 만든 쿠폰을 회원 속성별로 즉시 발급할 수 있다.

③ 발급한 쿠폰 내역관리: 발급한 쿠폰에 대한 내역 관리 및 발급회원을 조회할 수 있다.

4.8 종이쿠폰 발행서비스

① 종이쿠폰: 종이쿠폰은 최대 1,000개의 서로 다른 시리얼번호 생성을 통해서 쇼핑몰 고객들에게 적극적인 마케팅 영업을 하기 위해 활용될 수 있다.

② 종이쿠폰 만들기: 종이쿠폰 만들기에서 (할인/적립) 쿠폰 시리얼 번호를 생성할 수 있다.

③ 랜덤한 시리얼관리: 종이쿠폰 만들기로 생성된 랜덤한 시리얼 쿠폰의 시리얼번호 및 내용을 확인할 수 있다.

④ 종이쿠폰 내역관리: (동일시리얼/랜덤시리얼) 종이쿠폰의 생성 리스트 및 종이쿠폰의 적용일과 사용 여부를 확인할 수 있다.

⑤ 종이쿠폰 출력하기: 생성된 종이쿠폰을 조회하여 이미지 등록만으로 출력할 수 있다.

4.9 통합콜센터(CTI, computer telephone integration)

① 통합콜센터: 고객에게 전화가 왔을 때에 실시간으로 메이크샵 CRM(회원정보)으로 연결해 주는 서비스이다.

② 일반전화용(CRM형): 주문 고객의 전화가 오면, 고객정보 및 주문정보 등을 볼 수 있는 메이크샵 CRM과 연결해 주는 서비스이다.

③ 인터넷전화용(CTI형): 주문 고객의 전화가 오면 고객 정보를 한눈에 확인하고 상담할 수 있는 환경을 제공하고, 콜센터에서 필요한 녹취, ARS, 통계 등의 기능을 사용할 수 있어 고객센터를 효율적으로 운영할 수 있도록 도와준다.

5. 게시판/메일

5.1 게시판 관리

① 게시글 통합관리: 게시판별로 등록된 글들을 확인하고 관리할 수 있다.

② 게시판 만들기: 고객을 위한 다양한 타입의 게시판 및 300M 자료실을 손쉽게 만들 수 있다.

③ 등록한 게시판 관리: 등록한 게시판의 수정/삭제 및 기능 등을 관리할 수 있다.

④ 게시판 게시글 관리: 등록한 게시판의 게시글, 공지사항을 관리할 수 있다.

⑤ 게시판 댓글 일괄관리: 게시판에 등록된 댓글을 관리할 수 있으며, 무작위로 등록된 스팸 댓글을 일괄 삭제할 수 있다.

⑥ 게시글 예약등록: 미리 등록예정인 글을 입력해 놓으면 해당 시간에 맞춰서 자동으로 게시글이 노출된다.

⑦ 흐르는 게시판 관리: 최근 게시글 노출의 경우에 일반게시판과 공지사항만 이용이 가능하며, 게시물을 흐르게 설정할 경우에 영역 안에서 한 줄만 보여지게 된다.

⑧ 게시판 디자인 관리: 등록한 게시판의 디자인을 손쉽게 변경, 관리할 수 있다.

⑨ FAQ 관리: 자주 묻는 질문 FAQ 화면설정 및 질문/답변에 대한 관리를 할 수 있다.

5.2 후기(QnA) + 출첵 게시판 관리

① 상품포토 후기: 고객이 상품을 구매한 후 상품에 대한 후기를 직접 입력할 수 있는 기능이다.

② 코멘트/평점타입 후기설정: 고객이 상품에 대한 사용후기를 작성할 수 있도록 설정할 수 있다.

③ 코멘트/평점타입 후기관리: 고객이 상품에 대한 사용후기를 작성할 수 있도록 관리할 수 있다.

④ 게시판타입 후기설정/관리: 일반게시판을 후기게시판으로 설정하여 관리할 수 있다.

⑤ 출석체크 게시판 설정/관리: 일반게시판을 출석체크게시판으로 설정해서 관리할 수 있다.

5.3 소리뷰(소셜리뷰) 관리

소리뷰(Social+Review)는 트위터, 페이스북 등과 같은 소셜네트워크를 기반으로 하는 공개형 쇼핑몰 리뷰시스템이다. 고객이 쇼핑몰에 리뷰를 남기면, 고객이 사용하는 SNS를 통해 고객의 지인들에게까지 리뷰가 전파되는 소셜네트워크 마케팅이 자연스럽게 진행된다.

5.4 블로그 자동등록 서비스

① 블로그 자동등록 서비스: 쇼핑몰에서 운영자 혹은 고객이 후기를 작성하면, 쇼핑몰 창업자가 운영하는 네이버/다음 블로그에 자동으로 등록되어 네이버와 다음에서 검색시 상단 노출을 통해 더 많은 고객이 쇼핑몰로 유입될 수 있는 무료 블로그 마케팅이다.

② 블로그 자동등록 설정: 최대 3개의 네이버(Naver) 블로그 및 1개의 다음(Daum) 블로그에 동일한 내용을 보낼 수 있다.

5.5 고객상담(CRM) 관리

① 1:1 고객 게시판 관리: 회원의 1:1 문의에 대하여 관리한다.

② 1:1 고객상담 내역조회: 고객과의 1:1 상담 내역을 일자별로 확인할 수 있다.

③ 부운영자 일별 답변내역: 부운영자가 일별 답변(게시판 답

변, 댓글 답변, 1:1 게시판 답변)한 내역을 확인할 수 있다.

5.6 메일(웹메일) 관리

① 개별고객 메일 발송하기: 특정 회원에게 메일을 보낸다.

② 전체고객 메일 발송하기: 전체회원에게 메일을 보낸다.

③ 전체고객 발송내역 관리: 쇼핑몰에서 발송한 전체메일 내역 및 발송 여부를 확인할 수 있다.

④ 메일 발송내역 관리: 쇼핑몰에서 발송한 메일 내역을 확인할 수 있다.

5.7 플러스 메일 서비스

① 플러스 메일: 인터넷쇼핑몰 회원들에게 언제든지 저렴한 비용으로 메일을 발송할 수 있는 유료 서비스이다.

② 플러스 메일 발송하기: 전체회원에게 결제한 건수만큼 메일을 보낸다.

③ 플러스 메일 선택 발송하기: 선택한 회원에게 결제한 건수만큼 메일을 보낸다.

④ 플러스 메일 내역관리: 쇼핑몰에서 발송한 플러스 전체메일 내역 및 발송 여부를 확인할 수 있다.

6. 프로모션

6.1 쇼핑몰 프로모션 기능 선택

1. 쇼핑몰 공지사항 관리

쇼핑몰의 공지사항을 작성/수정/삭제한다.

2. 최근 본 상품, 따라다니기

고객이 클릭한 최근 상품을 항상 고객을 따라다니면서 보여주는 서비스이다. 샵의 오른쪽에 움직이는 팝업창을 통해서 최근 본 상품이 노출되는데, 고객이 관심을 보인 5개의 상품이 최근 기준으로 노출된다.

① 고객이 [최근 본 상품, 따라다니기] 기능 선택: '적용하겠습니다.'를 선택한다.

② [최근 본 상품, 따라다니기] 디자인 선택하기: 하나를 체크하면 된다.

③ [최근 본 상품, 따라다니기] 타입 선택하기: 이미 설정된 그대로 두면 된다.

④ [최근 본 상품, 따라다니기] 위치 설정: 최근 본 상품 왼쪽

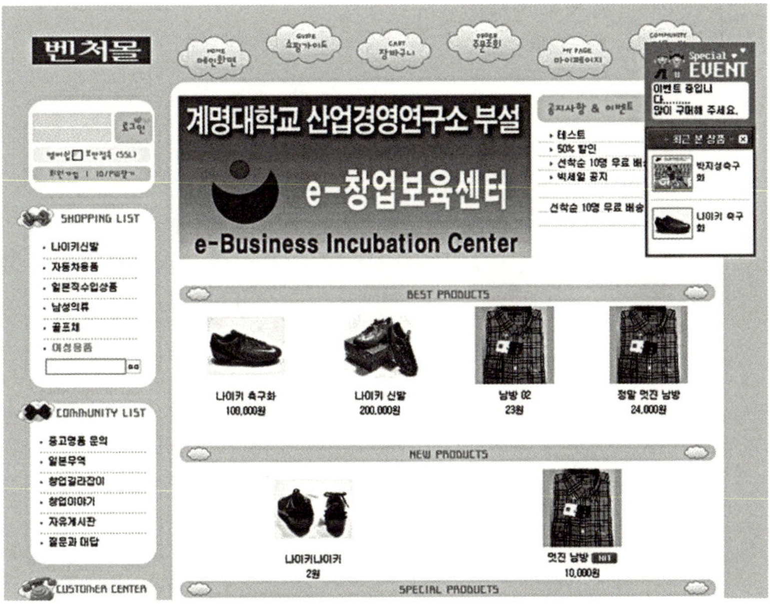

그림 3-15 최근 본 상품 따라다니기

위치는 800픽셀, 최근 본 상품 상단위치는 50픽셀로 설정하면 되며, 최근 본 상품, 따라다니기 움직임 설정은 '따라다니는 배너 타입 2'를 선택하면 된다.

⑤ [확인]을 클릭한 후에 [마이샵]을 클릭하여 확인한다([그림 3-15] 참조).

3. 쇼핑몰 컨텐츠 관리

쇼핑몰의 컨텐츠(정보)를 작성/수정/삭제한다.

4. 고객 설문조사 관리

쇼핑몰의 설문조사에 관련된 사항을 변경할 수 있다.

6.2 페이스북 뉴스피드

내 쇼핑몰에 페이스북 페이지를 연결하여 노출할 수 있도록 하는 서비스이다.

6.3 소셜쇼핑, 엣지데이즈

현재 운영 중인 쇼핑몰을 활용하여 소셜쇼핑 사이트도 운영할 수 있는 서비스이다.

6.4 트위터+트윗세일

① 트위터+트윗세일 소개: 현재 운영중인 쇼핑몰의 소식, 신상품 정보, 게시판 이야기 등을 트위터로 전달할 수 있는 서비스인데, 트위터를 쇼핑몰의 가장 강력한 홍보 채널로 활용할 수 있다.

② 트위터 설정: 메이크샵 트위터 연동 서비스를 위해서는 먼저 트위터 서비스에 가입해야 한다. 또한 트위터 서비스 가입을 완료했거나 기존에 가입되어 있는 경우에는 반드시 트위터 서비

스 가입 인증 절차를 완료해야 서비스의 이용이 가능하다.

6.5 상품 퍼가기(소셜 네트워크)

① 상품 퍼가기: 트위터, 페이스북, 미투데이, Wishdic의 상품 퍼가기 기능을 활용하여 쇼핑몰을 홍보할 수 있는 기능이다.

② facebook 퍼가기 설정: facebook에서 스크랩시 대표 이미지, 타이틀, 설명부분에 대해서 설정이 가능하다.

③ 상품 퍼가기 사용내역: 스크랩한 상품의 내역 및 회원별 스크랩 내역을 확인할 수 있다.

6.6 싸이월드 스크랩(공감)

고객들이 혼자만 보기 아까운 상품을 발견했을 경우에 친구들에게 공감으로 알릴 수 있다. 즉, 고객이 쇼핑몰에 공감을 누르면 고객의 C로그 모아보기에 등록되며, 해당 고객의 친구들에게도 쇼핑몰 정보를 공유할 수 있는 서비스이다.

6.7 경매/공동구매 진열관리

① 경매/공동구매 진열관리: 경매/공동구매의 메인 화면을 관

리할 수 있다.

② 경매물품 등록/수정: 경매물품을 등록/수정할 수 있다.

③ 등록된 경매물품 관리: 등록된 경매물품을 관리할 수 있다.

④ 가격변동형 공구 등록/수정: 공동구매 물품을 등록/수정할 수 있다.

⑤ 가격변동형 등록 공구 관리: 등록된 공동구매물품을 관리할 수 있다.

6.8 M쇼핑 다이어리

1. 쇼핑 다이어리 소개

쇼핑몰 이야기, 패션 트렌드, 해외촬영 등 다양한 쇼핑몰의 이야기들을 전달할 수 있는 게시판 서비스이다.

2. 쇼핑 다이어리 활용 Tip

① 글을 작성할 때는 텍스트와 이미지를 함께 사용한다.

② 텍스트는 반드시 직접 입력한다.

③ 다양한 이야기들을 공유한다.

④ 추천 위젯을 누른다.

⑤ 태그를 잘 활용한다.

⑥ 쇼핑몰 배너 및 관련 상품을 노출시킨다.

3. 쇼핑 다이어리 설정

쇼핑 다이어리 게시판의 정보를 입력하고 기능을 설정할 수 있다.

4. 쇼핑 다이어리 관리

쇼핑 다이어리 게시판 내 등록된 글들을 관리하고, 새로운 글을 작성할 수 있다.

6.9 운영자 일기2

고객에게 전하고 싶은 새로운 소식과 운영하면서 생긴 재미난 에피소드, 쇼핑몰 운영일기를 사진과 함께 전할 수 있는 기능이다.

6.10 실시간 알리미서비스, 셀마

① 셀마(Sellma) 소개: Sell Message Assistant의 약자로서 쇼핑몰의 주문내역, 게시글, 회원가입 현황, 비뱅크 입금내역 등을 실시간으로 알려주는 알리미 서비스이다.

② 아이디/비밀번호 관리: 셀마 아이디는 최대 3개까지 추가 가능하며, 운영자 ID까지 4개의 아이디의 사용이 가능하다.

7. 고객이벤트

7.1 쇼핑몰 이벤트 기능선택

① 다음/제휴마케팅: 검색마케팅을 활용하는 경우에 ID를 등록해야 정확한 효과분석이 가능하다.

② 가격비교사이트 등록: 가격비교 서비스 업체에 제공하는 상품 DB 주소(URL)를 제공한다.

③ 쇼핑몰 배너 수익모델: 배너교환에 의한 접속 통계 및 주문내역을 조회할 수 있다.

④ 수익모델 월별 접속통계: 배너 수익모델 아이디별 월별 접속을 조회할 수 있다.

⑤ 수익모델 매출통계: 배너 수익모델 아이디별 매출통계를 조회할 수 있다.

7.2 프리미엄 비콘

비콘(BeeCon, 바로가기 아이콘)은 쇼핑몰을 대표하는 아이콘/알리미가 고객 PC에 설치되어 운영자로부터 자유롭게 콘트롤되는 신개념 마케팅 시스템이다.

7.3 숨은 아이콘 찾기 이벤트

① 이벤트 소개: 쇼핑몰 고객에게 재미와 혜택을 한 번에 제공할 수 있는 온라인 쇼핑몰 맞춤 게임이벤트이다. 운영자는 쇼핑몰에서 지정한 페이지나 랜덤페이지에 아이콘(이미지)을 노출하고, 고객은 설정된 아이콘을 찾으면 이벤트 혜택을 제공받을 수 있다.

② 이벤트 설정: 쇼핑몰에 노출될 아이콘찾기 이벤트를 설정/관리할 수 있다.

③ 이벤트 리스트: 쇼핑몰에 설정한 이벤트 리스트를 확인할 수 있다.

④ 이벤트 참여현황: 쇼핑몰 이벤트에 참여한 참여자 리스트를 확인할 수 있다.

7.4 쇼핑몰 이벤트/사은품 기능

1. 이벤트 팝업창 관리

쇼핑몰에서 진행하는 이벤트 및 공지사항에 대한 다양한 팝업창을 띄울 수가 있다.

① 1단계: 작업할 팝업창 선택하기(작업할 이벤트 팝업창을 선택한다)

② 2단계: 1번 이벤트 팝업창, 디자인 선택하기

③ 3단계: 1번 이벤트 팝업창, 내용 입력

2. 이벤트 알리미 관리

쇼핑몰의 오른쪽에 움직이는 알리미를 자유롭게 디자인할 수 있다.

3. 대분류별 이벤트 등록

대분류 상단에 소개 이미지 및 이벤트를 보여줄 수 있다.

4. 고객 사은품 등록/관리

고객이 주문시, 가격대별로 선택이 가능한 무료 사은품을 등록/관리한다. [상품관리]-[상품관리 부가기능]-[고객 사은품 등록/관리]에서 하게 된다.

7.5 빅매치 이벤트

① 빅매치 이벤트 소개: 상품 두 개를 매치시켜 좋은 상품을 뽑는 이벤트이다. 이벤트를 통하여 고객들에게 다양한 혜택을 줄

수 있어 쇼핑몰은 활기차고, 고객들의 쇼핑은 더욱 즐거워진다.

② 빅매치 이벤트 만들기: 빅매치 이벤트를 통하여 고객들에게 다양한 프로모션을 진행할 수 있다.

③ 빅매치 추천 코멘트 관리: 고객이 등록한 코멘트를 손쉽게 조회/삭제할 수 있다.

7.6 쉬운 기획전 서비스

① 쉬운 기획전 서비스 소개: 월별, 시즌별마다 주제별로 다양하게 제공되는 디자인 템플릿을 이용하여 재고상품, 이벤트 상품을 기획전 만들기 순서에 따라 설정만 하면 원하는 주제의 기획전을 자유로운 위치에 마음대로 제작하여 노출할 수 있다.

② 쉬운 기획전 만들기: 매달 시즌에 맞는 쇼핑 기획전 테마를 제안하기 때문에, 누구나 손쉽게 기획전을 프로모션할 수 있다.

③ 쉬운 기획전 목록 및 관리: 만든 기획전을 손쉽게 조회/수정/삭제할 수 있다.

7.7 마켓 커넥티드

마켓 커넥티드는 국내 대표 오픈마켓을 연동하여 메이크샵 관리자에서 상품을 관리할 수 있는 서비스이다. 메이크샵에 등록한 상품을 단 클릭 몇 번으로 옥션, G마켓, 11번가, 인터파크, 오가게(패션전문마켓)로 일괄 등록이 된다. 또한 오픈마켓별로 관리자를 사용하지 않아도 마켓 커넥티드를 통하여 합리적이고 경제적인 운영이 가능하며, 상품판매의 개척에 도움이 된다.

7.8 소호 커넥티드

소호 커넥티드는 오픈마켓 전문(소호)관에 입점하여 상품을 등록하여 판매할 수 있는 서비스이다.

8. 접속통계

접속통계는 매출현황, 방문자 수, 유입경로, 광고분석 등 효율적으로 쇼핑몰을 운영하기 위해 고객의 활동데이터를 확인할 수 있는 기능이다. 또한 구매전환율, CPC 키워드 광고에 대한 부정클릭, 검색엔진 광고효과 측정 등 고객의 활동 추이를 더욱 자세하게 분석하여 쇼핑몰의 매출을 올릴 수 있다.

9. 해외진출

9.1 해외판매 DGG

DGG는 Delivery Guarantee Global의 약자로 해외배송을 책임진다는 의미이며, 메이크샵이 가지고 있는 해외본사를 통해서 쇼핑몰의 해외홍보 및 고객응대에 대한 서비스도 제공받을 수 있다. 예를 들어, DGG를 신청하면, 기존 쇼핑몰의 상단에 DGG BAR가 생성되어 4개 외국어(한국어, 영어, 일본어, 중국어)를 자동 지원하게 된다.

9.2 잉글리쉬 HTML

잉글리쉬 HTML는 만국 공통어 영어로 운영하는 쇼핑몰을 동일하게 제작하고, 운영할 수 있는 서비스이다. 즉, 기존 운영하는 쇼핑몰 그대로 영어쇼핑몰을 구축할 수 있으며, 무료이다.

9.3 메이크글로비

메이크글로비는 중국어, 일본어, 영어 쇼핑몰을 통합 제작하고 관리할 수 있는 해외 쇼핑몰 제작 솔루션이다. 또한 메이크샵으로 등록한 상품을 메이크글로비에 자동으로 등록해 주는 서비스도 제공하고 있다.

제 4 장

인터넷쇼핑몰 개발을 위한 HTML과 포토샵 실무

창업자가 판매하고 있는 상품과 서비스를 효과적으로 홍보하거나 광고하기 위해서 반드시 알아야 하는 것이 바로 HTML과 포토샵이라고 할 수 있다. 예를 들어, 최근 오프라인에 비하여 온라인에서 진행되고 있는 홍보와 광고가 지속적으로 증가하고 있는 실정이며, 온라인 홍보와 광고를 제대로 진행하기 위해서는 HTML과 포토샵을 잘 활용하는 것이 중요하다고 할 수 있다.

1. HTML의 이해

인터넷을 활용하여 돈을 벌고 싶은 창업자가 반드시 알아야 하는 것 중의 하나는 바로 HTML인데, HTML은 Hyper Text Markup Language의 약어로서 홈페이지, 인터넷쇼핑몰 등에서 웹 문서를 만들기 위하여 사용하는 기본적인 프로그래밍 언어의 한 종류이다(김석주, 1997.2.20).

예비창업자들이 알아야 하는 필수 HTML 명령어들은 아래와 같은데, 이러한 HTML 명령어들을 마음대로 활용할 수 있으면 충분하다. 다만, HTML 명령어를 공부할 때에 사전에 알아야 하는 사항들은 아래와 같다.

① HTML 명령어는 대문자보다는 소문자로 작성하는 것이 좋다.

② 이미지 파일명은 한글보다는 영어 소문자로 하는 것이 좋다.

③ HTML 명령어를 사용할 때에는 띄어쓰기에 유의해야 한다.

④ HTML 실습을 하기 위해서는 카페(cafe) 혹은 블로그(blog)에서 [글쓰기]를 하여 HTML을 체크(☒)한 후에 HTML 명령어를 입력하고, [미리보기]를 클릭하여 실행결과를 확인하면 된다.

1.1 이미지 불러오기

```
〈img src="http://www.mis.or.kr/images/new_main_13.gif"〉
```

위의 HTML 명령어는 웹사이트(www.mis.or.kr) 내의 폴더(images) 안에 저장되어 있는 이미지 파일(new_main_13.gif)을 불러와서 웹브라우저(Internet Explorer) 화면에서 보여 달라는 의미로 해석할 수 있다. 옥션, G마켓 등의 오픈마켓에서의 상품 등록에서 상세정보를 만들 때에 사용하는 명령어로서 상품이미지 호스팅 사이트에 상품이미지를 등록하면 파일경로가 자동으로 생성된다.

1.2 텍스트 혹은 이미지를 클릭했을 때에 특정 사이트로 링크하기

```
〈a href="http://www.mis.or.kr" target=win1〉
〈FONT COLOR=RED SIZE=3〉〈B〉사랑나눔회〈/B〉〈/FONT〉
〈/a〉
```

홈페이지, 카페(cafe) 혹은 블로그(blog)에서 텍스트(예: 사랑나눔회)를 클릭하면 웹사이트(www.mis.or.kr)로 링크시키는 명령어이다. 그런데 target=win1은 새로운 웹브라우저(Internet Explorer)를 불러와서 웹사이트(www.mis.or.kr)로 링크시키라는 의미이다. 실습할 때에 target=win1을 삭제한 후에 실습해 보면 그 차이를 쉽게 알 수 있다.

〈FONT COLOR=RED SIZE=3〉〈B〉사랑나눔회〈/B〉〈/FONT〉 명령어를 해석해 보면, 사랑나눔회라는 글자를 붉은색(COLOR=RED)으로, 크기는 3으로, 그리고 진하게(B) 표시하라는 의미이다. 아울러, RED 대신에 다른 컬러를 상징하는 단어, 3 대신에 다른 숫자, B를 삭제한 후에 사용해 보면 그 차이를 알 수 있다. 참고로 숫자 3은 HWP로 10 폰트 크기에 해당된다.

```
〈a href="http://www.mis.or.kr" target=win1〉
〈img src="http://www.mis.or.kr/images/new_main_13.gif"〉
〈/a〉
```

아울러, 위와 같이 사랑나눔회라는 글자 대신에 이미지(new_main_13.gif)를 불러오는 명령어를 사용할 수 있는데, 이미지(new_main_13.gif)를 클릭하면 웹사이트(www.mis.or.kr)로 링크시키는 HTML 명령어이다. 즉, 텍스트(사랑나눔회)를 클릭할 수도 있고, 이미지(new_main_13.gif)를 클릭할 수도 있다는 것을 의미한다.

1.3 테이블 만들기

```
〈table border=1〉
〈tr〉
  〈td〉
    〈img src="http://www.mis.or.kr/images/booknewbiz.
     gif" width=270〉
  〈/td〉
  〈td〉
    〈img src="http://www.mis.or.kr/images/new_main_13.
     gif"〉
  〈/td〉
〈/tr〉
〈/table〉
```

booknewbiz.gif 이미지	new_main_13.gif 이미지

그림 4-1 table 명령어로 만든 테이블의 모양

위의 명령어는 〈tr〉...〈/tr〉 명령어로 만든 한 줄로 된 테이블(table)에 〈td〉...〈/td〉 명령어를 이용하여 2칸을 만든 후에 〈img src〉 명령어를 사용하여 이미지(booknewbiz.gif, new_main_13.gif)를 불러와서 각 칸에서 보여주는 명령어이다. 즉, [그림 4-1]에서와 같이 각 칸에서 이미지를 보여주게 된다. 또한 border=1은 테이블의 테두리를 1 픽셀(pixel)로 나타내라는 것이며, width=270은 이미지의 가로 폭을 270 픽셀로 하라는 의미이다. 만약에 이미지의 높이를 조절하려면 height=270과 같이 사용하면 된다.

① 〈tr〉...〈/tr〉: 한 줄을 만들 때에 사용한다.

② 〈td〉...〈/td〉: 한 줄 내에 있는 칸을 만들 때에 사용한다.

1.4 특정 게시판의 글 제목을 카페 메인에 배치한 후에 링크시키는 방법

카페(cafe)의 특정 게시판에 교류모임 혹은 행사에 대한 홍보 글을 등록한 후에 그 글의 제목을 카페 메인에 등록하고, 네티즌들이 글의 제목을 클릭하면 그 글의 내용을 볼 수 있도록 하는 것을 HTML 명령어로 만들 수 있다. 이것은 아래의 방법으로 할 수 있다.

① 텍스트를 클릭했을 때에 특정 사이트로 링크하기를 활용하면 된다. 아래에서 '사랑나눔회' 대신에 교류모임 혹은 행사제목 및 일정을 입력하면 된다.

```
<a href="http://www.mis.or.kr" target=win1>
<FONT COLOR=RED SIZE=3><B>사랑나눔회</B></FONT></a>

<a href="http://www.mis.or.kr" target=win1>
<FONT COLOR=BLUE SIZE=3><B>창업교육</B></FONT> <FONT
 COLOR=RED SIZE=3><B>12월 31일(토)</B></FONT>
</a>
```

② a href="http://www.mis.or.kr"에서 따옴표 내에 게시판에 등록되어 있는 글의 제목 위에서 오른쪽 마우스를 클릭한 후에 속성을 선택하여 주소(URL)를 복사하여 입력하면 된다. 즉, 게시판에 등록되어 있는 글의 주소(URL)로 링크시키라는 것인데, 결국 그 글의 내용을 볼 수 있도록 한다.

③ target=win1은 없어도 되고 있어도 상관이 없다.

④ 앞에서 만든 HTML 명령어들을 활용하여 테이블(table)로 만들면 된다.

1.5 FIELDSET을 활용하여 글상자 만들기

창업길라잡이(http://cafe.daum.net/isoho2jobs)와 같이 글상자를 만들어서 사용하면 보기가 좋은데, 아래의 명령어들을 활용하면 된다. 특히 FIELDSET 내에서는 4곳의 green 대신에 선의 색깔로 사용하고 싶은 색깔의 영어단어 혹은 포토샵의 색상 피커에 있는 값(# 옆의 기호) 및 선의 굵기를 표시하는 3px 대신에 다른 값을 입력하면 된다. 즉, 글상자를 만들기 위해 사용하는 4개 선의 색깔 및 굵기를 변경하여 사용하면 된다.

```
<FIELDSET style="BORDER-RIGHT: green 3px solid; PADDING-
  RIGHT: 4px; BORDER-TOP: green 3px solid; PADDING-LEFT:
  4px; PADDING-BOTTOM: 4px; BORDER-LEFT: green 3px solid;
  WIDTH: 100%; PADDING-TOP: 4px; BORDER-BOTTOM: green 3px
  solid; HEIGHT: 51px">

<TABLE width="100%" bgColor=white>
<TBODY>
<TR>
  <TD>
  … html 명령어를 넣는다 …
  </TD>
</TR>
<TR>
  <TD bgColor=white>
  … html 명령어를 넣는다 …
   </TD>
</TR>
</TBODY>
</TABLE>
</FIELDSET>
```

위에서 bgColor=white는 전체 테이블의 배경색을 흰색으로 하라는 의미이며, bgColor 명령어는 아래와 같이 사용할 수 있다.

① 〈TR bgColor=yellow〉: 특정 줄(row)의 배경색을 지정한다.

② 〈TD bgColor=yellow〉: 특정 칸(column)의 배경색을 지정한다.

③ 〈TABLE bgColor=yellow〉: 전체 테이블(table)의 배경색을 지정한다.

1.6 COLSPAN 및 ROWSPAN 명령어의 활용

① COLSPAN: colspan은 가로 줄을 묶는 기능이다. 예를 들어, colspan='2'는 셀 두 개가 하나로 합쳐지게 된다.

② ROWSPAN: colspan이 가로 줄을 합친다면, rowspan은 세로를 합치는 기능이다. 예를 들어, rowspan='2'는 위 아래의 칸을 하나로 합치게 된다.

```
〈TABLE border=1〉
〈TR〉
〈TD width=100 height=100 COLSPAN=2〉 1 〈/TD〉
〈/TR〉
〈TR〉
```

```
<TD width=100 height=100> 3 </TD>
<TD width=100 height=100 ROWSPAN=2> 4 </TD>
</TR>
<TD width=100 height=100> 5 </TD>
</TR>
</TABLE>
```

☞ 창업길라잡이(http://cafe.daum.net/isoho2jobs)의 [창업강의실+실습교육] 게시판에 있는 HTML 명령어들을 이용하여 스스로 공부하면 되며, 특히 81-82번의 <FIELDSET>을 활용한 사례를 활용하면 온라인 홍보 및 광고를 진행하는 데 많은 도움이 될 것이다.

② 포토샵으로 상품이미지 만들기

창업자에게 포토샵에 대한 실무지식은 필수적이라고 할 수 있으며, 초보자들이 알아야 할 포토샵 실무지식을 아래에서 10가지로 나누어서 설명할 것이다(김영문, 2012).

2.1 작업창 만들기

① 새로운 이미지를 만들기 위하여 [그림 4-2]와 같이 작업창

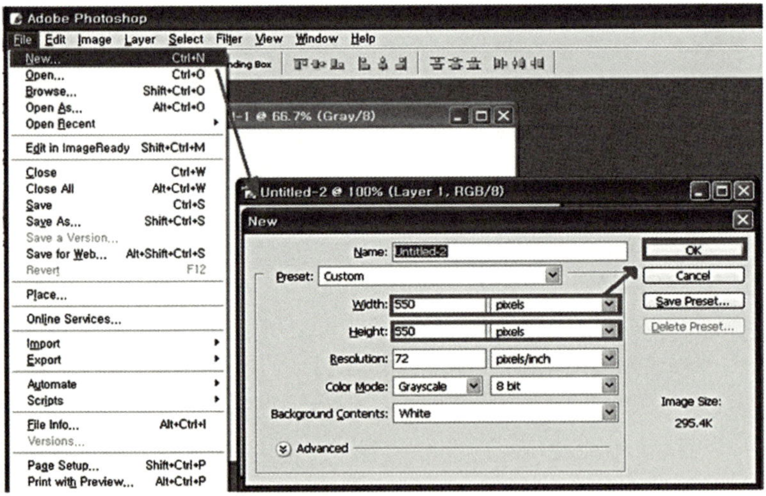

그림 4-2 작업창 만들기 화면

을 만들어야 한다.

② 이를 위해서 먼저 포토샵을 실행하고, 메뉴 중에서 [File]-[New]를 클릭한다.

③ 대화상자에서 작업에 필요한 가로, 세로 크기를 입력한다. 이때에 주의할 점은 반드시 픽셀(pixels)이라는 단위를 사용해야 한다는 것이다. 여기에서 포토샵 이미지를 이루는 가장 작은 단위인 네모 모양의 작은 점들을 '픽셀(Pixel)'이라고 하는데, 픽셀은 영어로 그림(picture)의 원소(element)라는 뜻을 갖도록 만들어진 합성어이다. 우리말로는 '화소(畵素)'라고 번역한다(네이버 지식사전, terms.naver.com).

2.2 이미지 불러오기

① [그림 4-3]과 같이 작업에 필요한 이미지(혹은 직접 촬영한 사진)를 불러온다.

② 메뉴 중 [File]-[Open]을 클릭하여 이미지 파일을 찾아 열기를 클릭한다.

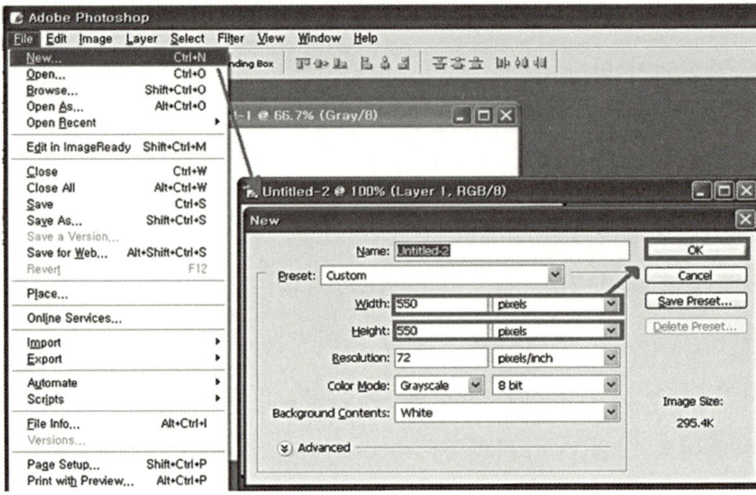

그림 4-3 이미지 불러오기 화면

2.3 작업창에 이미지 붙이기

① [그림 4-3]에서 이미지를 불러온 원본 창을 선택한 후에 레이어 창에서 배경레이어를 선택한 상태에서 [그림 4-2]에서 새로 만든 이미지 창(작업창)으로 레이어를 드래그 앤 드롭(drag-and-drop)한다([그림 4-4] 참조).

② 혹은 복사를 원하는 부분을 선택한 후에 Ctrl+C 키를 눌러서 복사하기를 하고, 새로 만든 이미지 창(작업창)을 선택하고 Ctrl+V 키를 눌러서 붙이기를 해도 된다.

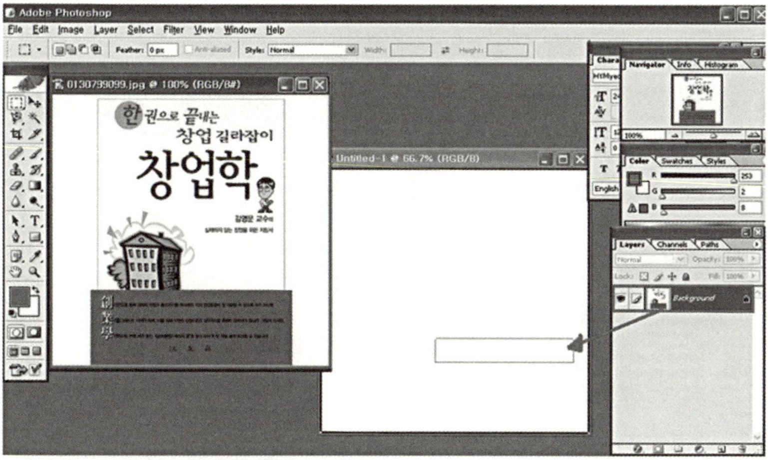

그림 4-4 작업창에 이미지 붙이기 화면

2.4 이미지 크기 조절하기

① 적용된 이미지 크기를 조절하기 위하여 메뉴 중 [Edit]-[Free Transform]을 선택한다.

② 단축키를 이용하려면 Ctrl+T를 누르면 된다.

③ 이미지에 조절점이 있는 사각형이 생긴다.

④ 조절점을 이용하여 이미지의 크기를 적당한 크기로 조정한다.

⑤ 이때 Shift를 누르고 마우스로 이미지의 크기를 조정하면, 가로-세로 비율이 일정하게 조정된다([그림 4-5] 참조).

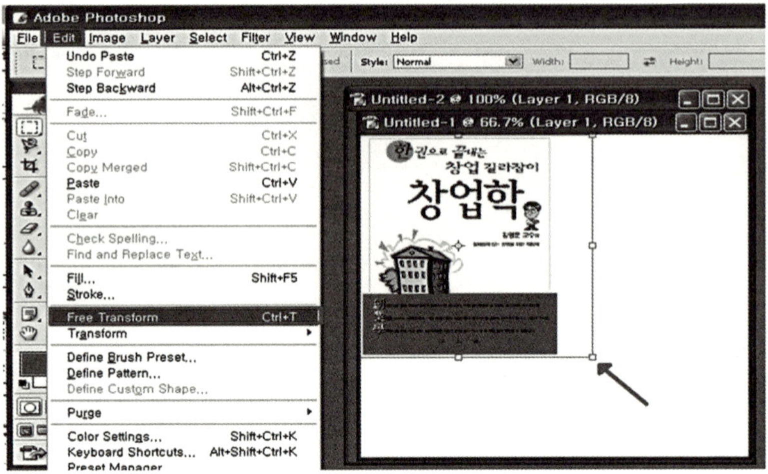

그림 4-5 이미지 크기 조절하기 화면

2.5 이미지의 위치를 이동하기

이미지의 크기 조정이 완료되면, 툴바의 이동도구( )를 클릭하고 이미지를 선택한 후에 원하는 곳으로 이동시킨다([그림 4-6] 참조).

그림 4-6 이미지 이동하기 화면

2.6 이미지 저장하기

① 작업이 완료된 이미지를 저장한다([그림 4-7] 참조).

② [File]-[Save for Web…] 메뉴를 선택하여 원하는 폴더에 파일을 저장한다. 한편, 포토샵에서 이미지를 저장할 때에는 다음과 같이 3가지 방법으로 저장을 할 수 있다.

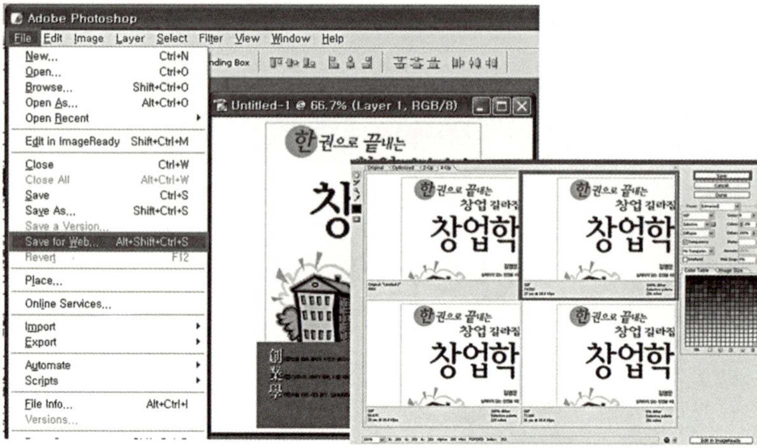

그림 4-7 이미지 저장하기 화면

i) [File]-[Save]: 원본 파일을 저장할 때에 사용하며, 레이어가 그대로 보존된 PSD 파일로 저장되기 때문에 나중에 수정하여 사용할 수 있다. 포토샵 이미지 중에서 반드시 보관해야 하는 이미지라고 할 수 있다.

ii) [File]-[Save as]: JPG, GIF 등 다양한 형태로 저장할 때에 사용하는데, 레이어가 배경으로 합쳐지기 때문에 저장한 후에는 레이어별로 수정할 수가 없다.

iii) [File]-[Save for Web…]: 용량이 다른 4가지 형태의 이미지를 보여주는데, 이 중에서 하나를 선택하여 저장할 때에 사용한다. 일부 웹사이트에서는 이미지의 용량을 제한하는 경우가 있는데, 이러한 웹사이트에 이미지를 등록할 때에 사용하게 된다.

2.7 텍스트 추가하기

포토샵으로 만든 이미지에 텍스트로 설명을 추가할 수 있도록 하는 것이 상품의 홍보와 판매에도 도움이 될 것이다. 텍스트를 적용하기 위해서는 아래의 방법으로 하면 된다.

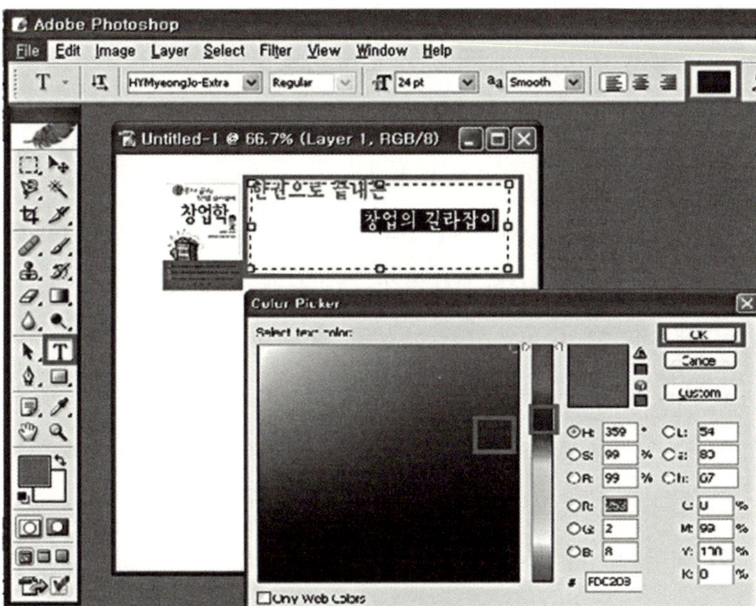

그림 4-8 텍스트 추가하기 화면

① [그림 4-8]과 같이 툴바의 텍스트 도구(T)를 클릭한다.

② 텍스트를 입력할 위치의 범위를 정하여 드래그 한다.

③ 커서가 나타나면 설명할 글자를 입력한다.

④ 색상 또는 글꼴, 크기를 변경할 필요가 있으면 글자를 드래그하여 블록상태로 만든 후 색상, 글꼴, 크기를 변경한다.

2.8 텍스트에 효과주기

텍스트에 효과를 주는 것은 글자의 모양을 예쁘게 만드는 과정이라고 할 수 있는데, 주요 내용은 다음과 같다.

① 작업할 텍스트 레이어를 선택한 후에 레이어의 빈 여백 부분을 더블클릭한다([그림 4-9] 참조).

② 새로 나타난 레이어스타일(Layer Style) 창에서 Drop Shadow(그림자 효과)를 선택하여 텍스트에 그림자를 만들고, 그림자 때문에 글자가 보이지 않으면 제일 아래 Stroke(선)를 선택하고 테두리 색상을 설정한다.

③ Drop Shadow(그림자 효과)와 Stroke(선)만 잘 이용하여도 보다 효과적인 텍스트 이미지를 만들 수 있다.

④ 레이어스타일(Layer Style) 창에서 여러 옵션들을 활용하여 텍스트에 다양한 효과를 줄 수 있다.

그림 4-9 텍스트에 효과주기 화면

2.9 텍스트 적용하기

① [그림 4-10]과 같이 상품내용을 표시하기 위하여 툴바의 텍스트 도구(T)를 클릭하여 내용을 입력한다.

② 내용 입력을 완료하고, 수정할 필요가 있으면 수정할 텍스트 레이어를 선택한다.

③ 툴 바에서 텍스트 아이콘을 선택하여 이미지 위를 클릭하여 텍스트를 수정모드로 바꾼다.

④ 수정할 내용의 텍스트를 블록으로 설정한 후에 옵션바의 끝 쪽에 있는 문자 및 단락 팔레트( )를 이용하여 글자크기, 줄 간격 등을 보기가 좋게 수정하면 된다.

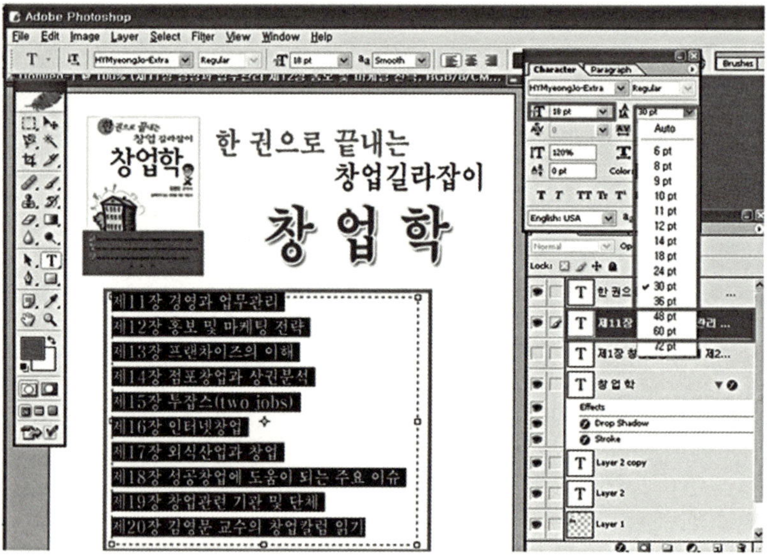

그림 4-10 텍스트 적용하기 화면

2.10 이미지 조정하기

이미지 조정은 디지털카메라로 촬영한 상품사진의 색상을 조정하는 것인데, [그림 4-11]에서와 같이 이미지〉조정 하위 메뉴에서 다양한 명령을 선택하여 할 수 있다.

그림 4-11 이미지 조정하기

3. 상품이미지를 서버에 등록하기

3.1 카페에 이미지를 사용하는 방법

창업길라잡이(http://cafe.daum.net/isoho2jobs)에 보면, 카페 메인에 여러 개의 이미지를 활용하여 홍보를 하고 있다. 이를 위해서는 먼저 포토샵을 활용하여 이미지들을 만들어야 하며, 만든 이미지들을 상품이미지 호스팅 사이트에 등록한 후에 HTML 명령어를 활용하여 불러와야 한다. 구체적으로 설명하면 아래와 같다.

① 포토샵(photoshop)으로 상품이미지를 만든다.

② 만든 상품이미지를 상품이미지 호스팅 사이트에 등록해야 하는데, 상품이미지 호스팅 사이트는 매월 1-3만원을 지불하고 사용하는 유료 사이트들이다. 포털사이트에서 상품이미지 혹은 호스팅 사이트를 검색하면 쉽게 찾을 수 있다.

③ 호스팅 사이트에 상품이미지를 등록하면, 자동적으로 보여주는 파일경로(주소)를 복사하여 사용하면 된다.

3.2 상품이미지 호스팅 사이트의 이용

인터넷쇼핑몰, 옥션, G마켓, 카페와 블로그 등을 활용한 창업자들이 반드시 알아야 하는 것이 바로 이미지 호스팅 사이트의 활용방법이라고 할 수 있다. 예를 들어, 옥션의 상세정보에 나타나는 상품이미지들은 옥션에 등록되는 것이 아니라 외부의 이미지 호스팅 사이트에 상품이미지를 등록한 후에 HTML 명령어(img src 명령어)를 이용하여 불러와서 옥션의 상세정보 페이지에서 보여주게 되는 것이다.

이미지 호스팅 사이트에는 무료 혹은 유료로 사용할 수 있는 사이트들이 매우 많은데, 유료 사이트의 경우에는 월 1-3만원의 비용만 부담하면 된다. 포털 사이트에서 이미지 호스팅, 상품 이미지, 호스팅 등의 키워드로 검색하면 다양한 이미지 호스팅 사이트들을 쉽게 찾을 수 있다.

한편, [그림 4-12]는 무료로 사용할 수 있는 올비(www.olbi.co.kr)에서의 상품이미지 등록화면인데, 파일관리에서 상품이미지를 등록하면 아래와 같은 파일경로가 자동으로 나타난다.

```
〈img src="http://www.olbi.co.kr/user_folder/newbiz2001/mis01.jpg"〉
```

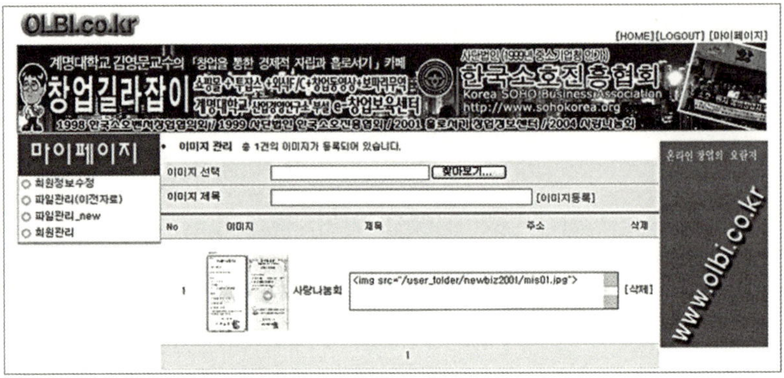

그림 4-12 올비의 상품이미지 등록화면

위의 파일경로를 해석해 보면, 올비(www.olbi.co.kr)의 user_folder 폴더 내에 있는 newbiz2001 폴더 내의 상품이미지(mis01.jpg)를 불러와서 보여 달라는 의미로 해석하면 된다. 창업자는 위의 파일경로를 복사(Ctrl+C)하여 필요한 곳에 그냥 붙여넣기(Ctrl+V)만 하면 모든 작업이 끝나게 된다.

☞ 창업자들의 경우에는 위에서 언급한 상품이미지 호스팅 사이트에 등록된 상품이미지들을 외장형 하드 혹은 DVD를 활용하여 별도로 저장해 두는 것도 잊지 말아야 한다. 아울러, 포토샵으로 상품이미지를 만든 후에는 원본 파일(*.psd)을 반드시 보관하고 있어야 필요할 때에 수정하여 사용할 수 있다는 것도 기억해야 한다.

제5장

다양한 방법으로 인터넷쇼핑몰 창업하기

1. 프랜차이즈 방식의 인터넷쇼핑몰 창업

1.1 프랜차이즈 개념을 도입한 인터넷쇼핑몰 창업

일반적으로 인터넷쇼핑몰은 회사 혹은 개인이 하나의 인터넷 주소를 사용하여 운영한다. 하지만, 인터넷쇼핑몰 창업에 프랜차이즈 개념을 도입하게 되면, 여러 개의 인터넷 주소를 사용하여 여러 개의 인터넷쇼핑몰을 여러 명의 창업자가 동시에 운영하는 것이 가능하게 된다. 즉, 지금까지 오프라인에서만 존재하던 프랜차이즈 창업이 온라인에서도 가능하게 되었다는 특징이 있다.

또한 기존 프랜차이즈와 같이 전국적으로 가맹점을 모집할 수 있는데, 가맹점은 본사가 운영하는 인터넷쇼핑몰의 상품 데이터베이스(상품 DB)를 활용하되 별도의 인터넷주소를 갖는 인터넷쇼핑몰을 운영할 수 있다. 이러한 가맹점의 수가 증가함에 따라 인터넷쇼핑몰을 창업한 본사의 매출 및 수익은 급속하게 증가될 수 있다는 점에서 프랜차이즈 방식의 인터넷쇼핑몰 창업은 유망한 창업아이템 중의 하나라고 할 수 있다.

1.2 프랜차이즈 방식에 의한 인터넷쇼핑몰 창업의 유형

현재 메이크샵(www.makeshop.co.kr)에서는 프랜차이즈 2.0 솔루션을 활용하여 3가지 형태(A타입, B타입, C타입)의 온라인 프랜차이즈 사업을 할 수 있도록 지원하고 있다. 이에 따라 창업자는 이러한 3가지 유형을 꼼꼼하게 분석한 후에 사업방향에 맞는 한 가지 유형을 선택하면 된다.

1. A타입 (본사 결제)

본사에서 결제 및 입금을 담당하고 배송까지 처리하며, 수수료를 가맹점(대리점)에 정산한다([그림 5-1] 참조). A타입은 다음과

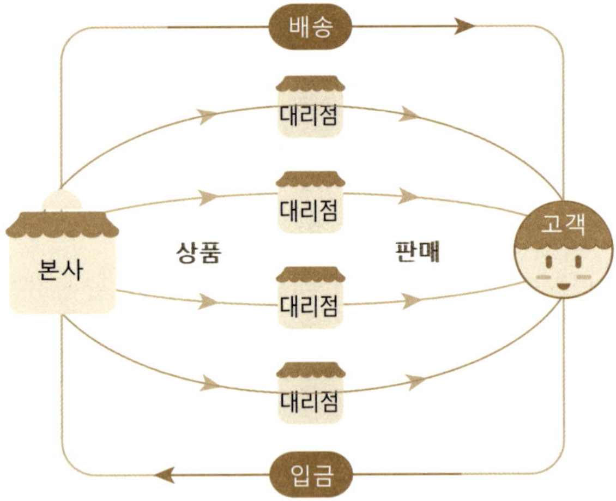

그림 5-1 A타입

같은 경우에 적합하다.

① 대형 프랜차이즈 유통망 구축을 목적으로 하는 상점

② 본사가 다수의 대리점을 관리하는 상점

③ 본사가 제조업체/원천 수입업체/총판업체인 상점

④ 오프라인의 대형 프랜차이즈가 온라인을 병행하는 상점

2. B타입 (대리점 결제)

본사에서는 상품만 등록하며, 가맹점(대리점)에서 고객결제 및 입금을 받고 공급가를 본사에 정산한다([그림 5-2] 참조). B타입은 아래의 경우에 적합하다.

① 지역을 기반으로 하는 대리점을 운영하는 상점

② 상품공급이 주가 되는 소규모 온라인 상점

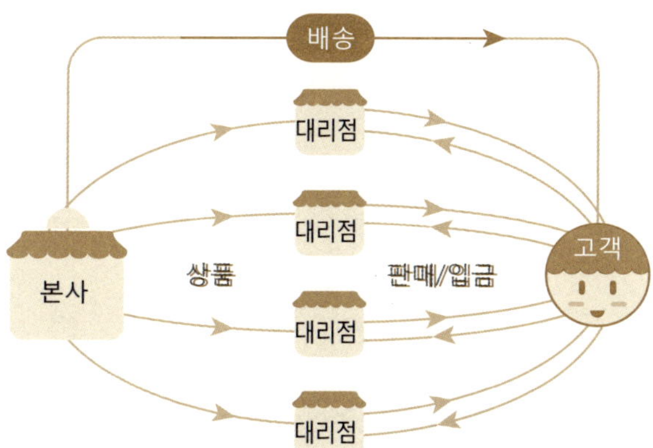

그림 5-2 B타입

③ 소규모 유통업체가 중심이 되는 프랜차이즈 상점

④ 온라인 쇼핑몰을 프랜차이즈로 확장하고자 하는 상점

3. C타입 (대리점 결제 + 본사지원 상품)

본사에서 상품등록을 지원하고, 가맹점(대리점)에서는 본사상품을 포함하여 100개의 가맹점 상품을 추가적으로 등록하여 판매하며, 고객결제 및 입금을 받아 본사상품에 대해 공급가를 정산한다([그림 5-3] 참조). C타입은 아래의 경우에 적합하다.

① 상품 자체 제작능력을 보유한 상점

② 상품공급이 주가 되는 대규모 상점

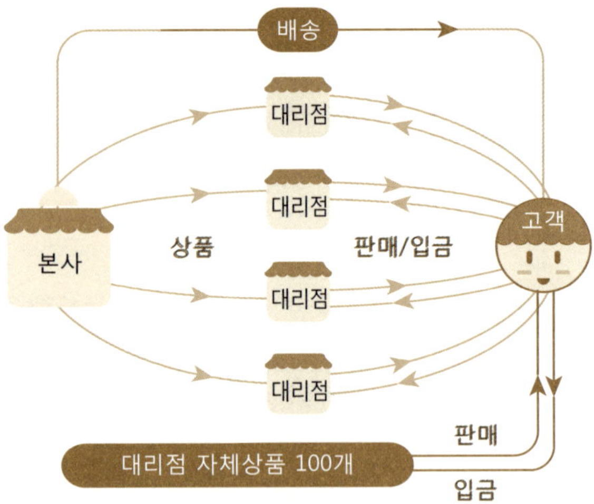

그림 5-3 C타입

③ 본사는 주로 관리를 위탁하고 고객의사를 중심으로 하는 주문제작 상점

④ 프랜차이즈 입점 전, 쇼핑몰 운영 경험이 있거나 재고상품을 다량 보유한 상점

위에서 제시한 3가지 중에서 특히 C타입을 주목할 필요가 있다. 즉, C타입은 가맹점(혹은 대리점) 자체상품을 100개까지 등록할 수 있다는 점에서 본사의 인터넷쇼핑몰과 비교하여 차별화를 시킬 수 있는 장점이 있기 때문이다.

1.3 프랜차이즈 방식에 의한 인터넷쇼핑몰 창업의 성공사례

프랜차이즈 개념을 도입한 인터넷쇼핑몰의 창업사례는 다음과 같으며, 하나씩 방문하여 벤치마킹을 해 보면 된다. 중요한 것은 아래의 사례들을 벤치마킹한 후에 더 좋은 수익모델을 개발하는 것이라고 할 수 있다.

① 메리케이(www.marycay.co.kr)

② 니케이(www.nikei.kr)

③ 제자들(www.kinderheim.kr)

④ 다농(www.dab2b.co.kr)

⑤ 피부조아(www.pibujoa.com)

⑥ 제과골목(www.bakingstreet.com)

⑦ 단체복 프랜차이즈(www.d-f.co.kr)

⑧ 엠에스존(www.olso.co.kr)

⑨ 슈퍼스타몰(www.superstarmall.co.kr)

⑩ 가이드 중고 컴퓨터(www.okpcmart.co.kr)

⑪ 아이퍼니처(www.ifurni.co.kr)

⑫ 케이크솝(www.cakesoap.co.kr)

2. 도매사이트를 활용한 인터넷쇼핑몰 창업

2.1 개 요

현재 포털사이트에서 도매, B2B 등으로 검색해 보면 다양한 도매사이트들이 있는데, 이러한 도매사이트들을 활용하여 인터넷쇼핑몰을 창업할 수 있다. 즉, 도매사이트에 등록되어 있는 상품을 도매가격으로 구입하거나 상품이미지를 무료 혹은 저렴한 비용에 제공 받아서 인터넷쇼핑몰을 만들 수 있다는 것이다.

2.2 주요 도매사이트

대표적인 도매사이트로는 나까마(www.naggama.co.kr), 베스트켓(www.bestket.com) 등이 있다. 특히 베스트켓에서는 B2B회원(기본형, 프리미엄 플러스, 무제한형)으로 가입을 하게 되면, 인터넷쇼핑몰 또는 오픈마켓에서 상품을 판매하는 창업자들은 상품이미지를 미리 사용한 후 주문이 들어오면 베스트켓의 B2B센터에 공급가를 결제하고 배송대행을 신청하면 창업자의 상호로 배송을 하는 서비스까지 제공하고 있다. 또한 도매토피아(www.

dometopia.com)는 중국 상품을 직수입하여 도매가로 판매하고 있는 사이트이며, 한아름기프트(www.ihangift.com)는 판촉물을 도매가로 판매하고 있다.

한편, 도매토피아에서는 온라인 판매자들을 위해 상품이미지를 제공하고 있으며, 도매토피아(www.dometopia.com) 및 바이앤몰(www.bynmall.com)에서는 판매된 상품에 대한 포장과 배송까지 지원하고 있다.

2.3 핵심 성공요소 및 준비사항

① 도매사이트에서 제공하는 상품의 품질과 가격이 경쟁력이 있는가에 대해 옥션, G마켓 등과 같은 오픈마켓 및 인터넷쇼핑몰에서 시장조사를 하는 것이 필요하다.

② 나까마 혹은 베스트켓에서 제공하는 상품이 주력 상품(main items)이 될 것인가 혹은 구색 상품이 될 것인가를 고려해야 한다. 즉, 창업자가 상품을 판매할 때에는 주력 상품 외에도 구색 상품도 필요한데, 각각에 대한 구입처를 미리 생각해 두는 것이 필요하다.

③ 초보 창업자들은 우선 도매사이트를 활용하여 상품을 구입하여 판매를 시작하고, 그 이후 경험과 노하우가 쌓이면서 국내 및 해외 도매시장에서 직접 공급받는 것을 생각해야 한다. 즉, 초

기에는 도매사이트에서 구입한 상품들의 수가 많을 수 있지만, 경험과 노하우가 쌓이면서 도매상가를 통해 직접 구입하는 상품이 많아지도록 만드는 것이 필요하다.

3. 해외고객을 위한 인터넷쇼핑몰 창업

3.1 개 요

현재 대부분의 창업자들은 국내고객만을 대상으로 상품과 서비스를 판매하고 있는 실정인데, 컴퓨터와 인터넷을 효과적으로 활용하면 전 세계 고객을 대상으로 상품과 서비스의 판매가 충분히 가능하다. 예를 들어, 집에서도 컴퓨터 1대만 있으며, 해외고객들을 대상으로 상품을 판매할 수 있는 다양한 전자상거래 사이트들을 개설할 수 있다. 또한, 다양한 외국어를 지원하는 인터넷쇼핑몰 솔루션들도 개발되어 있다.

3.2 해외 인터넷쇼핑몰 창업을 지원하는 사이트

임대형 인터넷쇼핑몰 전문업체에서는 국내시장뿐만 아니라 해외의 고객들에게도 상품을 판매할 수 있도록 지원하고 있다. 예를 들어, 일본시장에 진출하려면 메이크샵이 개발한 메이크트랜스(www.maketrans.com)를 사용하여 인터넷쇼핑몰을 만들면 된다. 드림웹(www.dreamweb.co.kr)에서는 한국어 쇼핑몰뿐만 아니라 영어, 일본어, 중국어로 인터넷쇼핑몰을 제작해 주고 있기 때문에 해외고객을 대상으로 하는 인터넷쇼핑몰 창업을 지원하고 있다. 한편, 메이크샵(www.makeshop.co.kr)에서는 해외진출을 돕기 위해 해외판매 DGG, 잉글리쉬 HTML, 메이크글로비의 3가지 기능을 지원하고 있다.

① 해외판매 DGG: DGG는 Delivery Guarantee Global의 약자로 해외고객(외국인 및 교포)을 대상으로 상품을 판매할 수 있는 서비스이며, 메이크샵에서 운영하고 있는 쇼핑몰을 그대로 이용하여 추가 비용없이 무료로 사용할 수 있다.

② 잉글리쉬 HTML: 잉글리쉬 HTML 서비스는 만국공통어 영어로 운영하는 쇼핑몰을 동일하게 제작하여 운영할 수 있는 서비스이다.

③ 메이크글로비: 중국어, 일본어, 영어 쇼핑몰을 통합적으로 제작하고 관리할 수 있는 해외 쇼핑몰 제작 솔루션이다.

3.3 핵심 성공요소 및 준비사항

① 해외 전자상거래에 대한 특징 및 국내 전자상거래와 비교한 차별성에 대해 잘 이해하고 있어야 한다. 특히 상품을 판매하고자 하는 국가 고객들의 구매특성에 대한 파악도 사전에 진행되어야 한다.

② 배송은 어떻게 할 것이며, 환불 및 반품에 대한 준비 및 대책도 마련해야 한다. 아울러, 고객이 전화 혹은 메일로 문의를 할 경우에 신속하게 응답할 수 있도록 준비해야 한다.

③ 외국의 주요 포털을 조사하고 키워드 광고를 어떻게 진행할 것인가에 대한 준비도 해야 한다. 예를 들어, 메이크트랜스(www.maketrans.com)를 사용하여 일본 고객들을 대상으로 전자상거래 창업을 한다면, 일본의 어느 포털에서 키워드 광고를 진행할 것인가에 대한 계획이 구체적으로 준비되어야 할 것이다.

4. 오픈마켓을 활용한 인터넷쇼핑몰 창업

4.1 국내 오픈마켓을 활용한 인터넷쇼핑몰 창업

오픈마켓(open market)은 인터넷쇼핑몰 판매방식에서 벗어나 개인과 소규모 판매업체 등이 온라인상에서 자유롭게 상품을 거래하는 중개형 인터넷 쇼핑몰이다(네이버 용어사전, terms.naver.com). 현재 국내의 4대 오픈마켓(open market)은 옥션(www.auction.co.kr), G마켓(www.gmarket.co.kr), 11번가(www.11st.co.kr), 인터파크(www.interpark.com)라고 할 수 있으며, 오픈마켓 창업은 6-10시간만 배우면 별도의 점포 없이 집에서 1인 창업을 할 수 있는 장점이 있기 때문에 몇 만원만 있어도 창업이 가능하다. 또한 오픈마켓은 고객(customer)이 상품을 등록하고, 고객(customer)이 상품을 구매하는 C-to-C 형태의 전자상거래이며, 온라인 창업을 준비하는 예비창업자들이 가장 쉽게 상품 판매를 경험해 볼 수 있다. 점포 혹은 인터넷쇼핑몰 창업자들의 경우에는 장기간 판매되지 않고 보유하고 있는 재고상품들을 처리하는 방법으로 오픈마켓을 활용하기도 한다.

이러한 오픈마켓에는 창업자들이 스토어(store) 혹은 미니샵

그림 5-4 옥션의 스토어(데코마당)

(minishop)를 개설할 수 있는데, 이것은 일종의 인터넷쇼핑몰과 같은 개념으로 생각할 수 있다. 즉, 창업자들이 옥션에 스토어(store, [그림 5-4])를 개설하거나 G마켓에서 미니샵(minishop, [그림 5-5])을 개설한 후에 창업자의 인터넷쇼핑몰에 있는 모든 상품들을 등록하여 판매할 수가 있다. 또한 옥션의 스토어(store) 및 G마켓의 미니샵(minishop)은 별도의 주소를 제공하기 때문에 독자적인 홍보 및 광고가 가능하다.

① 옥션의 스토어(store): 데코마당(http://stores.auction.co.kr/

그림 5-5 G마켓의 미니샵(데코마당)

decomadang)

② G마켓에서 미니샵(minishop): 데코마당(http://minishop.gmarket.co.kr/decomadang)

4.2 이베이(eBay)를 활용한 인터넷쇼핑몰 창업

이베이(www.ebay.com)는 세계 최고의 전자상거래 사이트이며, 현재 39개국에 진출하여 200개 국가 2억 명이 이용하고 있다(아주경제, 2013.10.8). 또한 이베이는 옥션과 G마켓을 인수한 회사이기도 하며, 옥션과 G마켓에서 상품판매를 해 본 경험이 있으면 누구나 이베이에서 상품판매를 시작할 수 있다. 다만, 이베이에서 상품을 판매하려면 영어로 상품설명을 등록해야 하며, 고객의 문의사항에 대해서도 역시 영어로 답변을 해야 한다. 이로 인해 초보창업자들의 경우에는 영어에 대한 두려움과 거부감을 갖고 있는 경우가 많은데, 사실 중학생 수준의 영어실력이면 충분하다.

한편, 이베이에도 개인 창업자를 위한 스토어(store)를 [그림 5-6]과 같이 개설하여 운영할 수 있는데, 창업자의 인터넷쇼핑몰에 있는 모든 상품들을 등록하여 판매할 수가 있다.

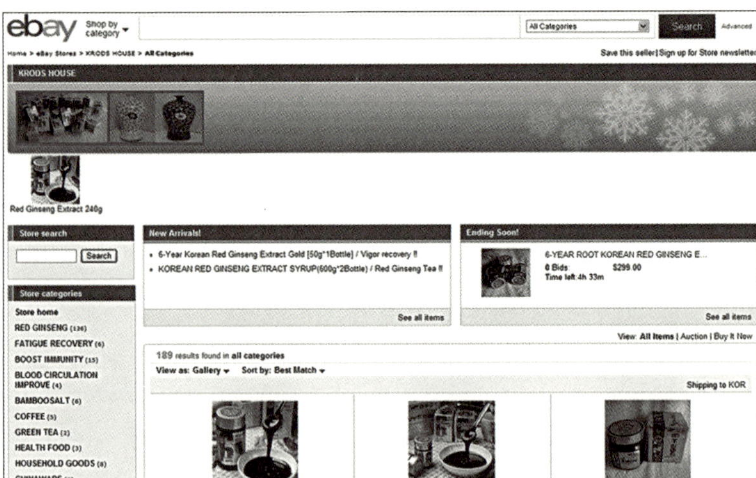

그림 5-6 이베이의 스토어(KRODS HOUSE)

5. 기존 인터넷쇼핑몰에 입점하는 인터넷 쇼핑몰 창업

소자본으로 창업을 하는 경우에는 인터넷쇼핑몰을 독립적으로 개설하여 운영하는 것이 어렵기 때문에 처음에는 기존 인터넷쇼핑몰에 입점하는 것이 오히려 더 유리할 수 있다. 예를 들어, 판매할 상품의 수가 많지 않을 때에는 독립적인 인터넷쇼핑몰의 창업이 불가능하기 때문에 전문적인 인터넷쇼핑몰에 입점하는 것이 더 좋다는 것이다.

랭키닷컴(www.rankey.com)의 순위에 의한 인터넷쇼핑몰들은 아래의 20가지로 분류되어 있는데, 창업자가 운영하고자 하는 인터넷쇼핑몰과 관련이 있는 기존 인터넷쇼핑몰에 입점을 추진할 수 있다. 또한 독자적인 인터넷쇼핑몰을 운영하기보다는 기존의 유명 인터넷쇼핑몰에 입점하는 것이 상품의 판매에 오히려 더 유리할 수도 있다.

① 종합쇼핑(755개)

② 가격비교(69개)

③ 의류 쇼핑몰(5,611개)

④ 쇼핑정보(494개)

⑤ 도서/음반/악기 쇼핑몰(441개)

⑥ 취미/스포츠 쇼핑몰(1,241개)

⑦ 패션잡화 쇼핑몰(1,817개)

⑧ 생활용품 쇼핑몰(1,472개)

⑨ 쇼핑 기타(706개)

⑩ 화장품/미용 쇼핑몰(1,084개)

⑪ 자동차(556개)

⑫ 식품/건강 쇼핑몰(1,655개)

⑬ 가구/인테리어 쇼핑몰(642개)

⑭ 명품(245개)

⑮ 유아/어린이 쇼핑몰(398개)

⑯ 산업용품 쇼핑몰(858개)

⑰ 통신 쇼핑몰(242개)

⑱ 컴퓨터/인터넷 쇼핑몰(443개)

⑲ 가전 쇼핑몰(435개)

⑳ 경매(89개)

제6장

상품의 판매 및 매출증대를 위한 홍보와 광고 전략

1. 홍보를 위한 이메일 및 문자의 발송

요즈음은 이메일과 휴대폰 문자를 통해 홍보하는 경우가 많은데, 수 백개 혹은 수 천개 이상의 이메일과 문자를 발송하기 위해서는 [그림 6-1]의 포스트맨(www.postman.co.kr)과 같은 전문 사이트를 활용하는 것이 편리하다. 포스트맨의 주요 활용방법은 아래와 같다.

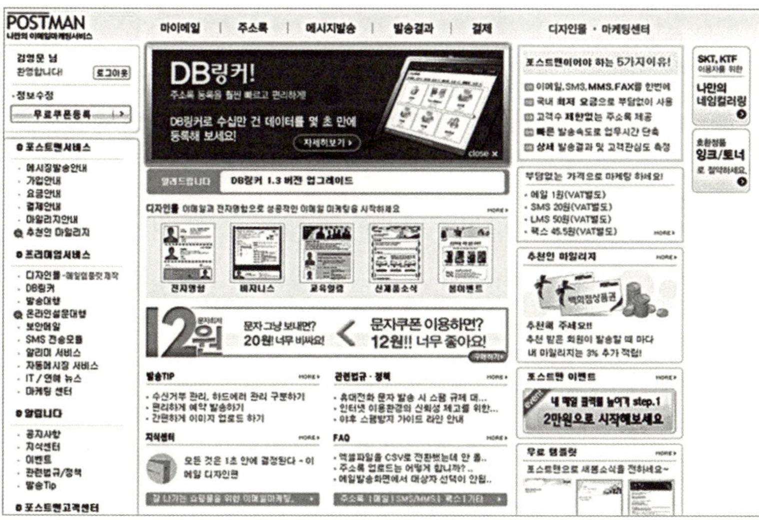

그림 6-1 포스트맨의 초기화면

① 포스트맨(www.postman.co.kr)에서는 대량 이메일 발송, 대량 SMS/MMS 발송, 대량 팩스발송, 주소록 관리, 발송결과 확인, 프리미엄 서비스 등의 기능을 제공하고 있다.

② 먼저 엑셀(Excel)을 이용하여 이름, 이메일 주소, 휴대폰 번호 등을 입력하여 파일로 저장한 후에 포스트맨의 [주소록]에 등록하면 되는데, 주소록 등록방법에 대해서는 [동영상 보기]를 클릭하면 자세하게 설명되어 있다.

i) 엑셀에서 파일형식을 텍스트(탭으로 분리)로 저장한다.

ii) 포스트맨(www.postman.co.kr)의 [주소록]에서 새로 추가할 그룹명을 입력한 후에 [신규그룹등록]을 클릭한다.

iii) 이메일 주소를 등록할 그룹명을 선택한 후에 고객등록(대량)을 선택한다.

iv) 구분자를 [탭]으로 지정한 후에 저장된 텍스트 파일을 찾아서 등록하면 된다.

③ [메시지발송]에서 [이메일 DB링크발송]을 선택하면 주소록에 저장되어 있는 이메일 주소로 이메일을 발송할 수 있는데, 이메일 주소 한 개에 1원을 지불하면 된다.

④ [메시지발송]에서 [SMS/MMS DB링크발송]을 선택하면 주소록에 저장되어 있는 휴대폰번호로 문자를 발송할 수 있는데, 휴대폰 번호 1개에 18-20원을 지불하면 된다.

⑤ [발송결과]에서 [메일발송리포트] 혹은 [SMS/MMS 발송리

포트]에서 이메일 혹은 문자 발송의 결과를 확인할 수 있다. 아울러, 발송이 되지 못한 이메일 혹은 문자의 원인도 알 수 있다.

한편, 포스트맨의 장점은 메일 혹은 문자의 도착 및 열람에 대해 확인을 할 수 있다는 것이다. 즉, 문자가 도착을 했는지 혹은 휴대폰 번호가 없어서 문자가 도착하지 않았는지에 대한 정보도 제공해 준다는 것이다.

2. 카페(cafe)와 블로그(blog)를 운영하여 홍보

요즈음은 전통적인 형태의 홈페이지(혹은 웹사이트)보다는 각종 포털사이트에서 무료로 제공되는 블로그(blog, web log의 준말)와 카페(cafe)를 웹사이트로 활용하는 기업 혹은 창업자들이 늘어나고 있다. 또한 현재 홈페이지를 운영하고 있다고 할지라도 추가적으로 블로그와 카페를 개설하여 운영을 하게 되면 그만큼 홍보 및 마케팅의 효과가 커진다는 것이며, 아무리 많이 개설해도 돈이 들어가지 않는다는 장점까지 있다.

사실, 저자의 경우에도 블로그와 카페를 포함하여 32개 정도를 운영하고 있는데, 무료라는 장점 외에도 홍보효과가 매우 크다는 것이다. 총 32개의 사이트를 관리하는데 많은 시간이 필요할 것이라고 생각할 수도 있지만, 똑 같은 글을 스크랩을 하거나 Ctrl+C를 이용하여 복사하고, Ctrl+V를 이용하여 붙이기를 하는데 얼마의 시간이 걸리겠는가? 10분도 채 걸리지 않는다는 것이다. 만약에 100개의 블로그 및 카페를 운영하고 있다고 생각해봐라. 1시간 정도이면 100개의 사이트에서 내가 하는 일을 홍보할 수가 있다는 것이다. 아울러 얼마나 홍보효과가 클 것인가를 생각해 보면 될 것이다.

2.1 카페를 개설할 수 있는 사이트

현재 다음(Daum)과 네이버(Naver)를 추천할 수 있는데, 카페를 개설하고 운영하는 기본적인 기능은 거의 비슷하다. 창업자의 입장에서 보면 적어도 다음과 네이버에서 동시에 개설하는 것이 좋으며, 아래와 같이 아이디를 동일하게 만드는 것이 가장 이상적이라고 할 수 있다.

① 다음 카페의 주소: cafe.daum.net/아이디

② 네이버 카페의 주소: cafe.naver.com/아이디

③ 홈페이지의 주소: www.아이디.co.kr, www.아이디.kr, www.아이디.com

카페를 한 번도 만들어 본 적이 없다면, 창업길라잡이(cafe.daum.net/isoho2jobs)의 [창업강의실+실습교육]의 5-6번 글을 읽어보면 쉽게 만들 수 있다. 또한 가입회원이 10,000명이 넘는 카페들에 가입하여 꾸준히 벤치마킹을 하는 것도 카페를 활용한 홍보를 효과적으로 진행하는 데 도움이 될 것이다.

또한 카페(cafe)는 기존의 홈페이지를 대신하여 사용할 수가 있다. 즉, 카페를 개설한 후에 www로 시작되는 도메인을 구입하여 카페주소로 포워딩(forwarding)을 시키면 되는데, 이것은 도메인을 구입한 회사에 요청하면 된다.

2.2. 블로그를 개설할 수 있는 사이트

블로그의 경우에는 다음(daum), 네이버(naver), 구글(google), 이글루스(egloos), 고도(godo), 에이블뉴스(www.ablenews.co.kr) 등에서 개설할 수 있는데, 카페를 만들 수 있으면 블로그를 만드는 것은 너무 쉬운 일이다. 블로그도 카페와 마찬가지로 창업기업의 홈페이지로 충분히 활용할 수 있다.

2.3 도메인 포워딩

도메인 포워딩(domain forwarding) 기능을 활용하면, 비교적 긴 카페 주소와 블로그 주소를 짧은 일차 도메인(www로 시작되는 도메인)으로 접속할 수가 있는데, 도메인 구입업체에 요청하면 된다. 예를 들어, 창업기업이 개설한 카페(cafe.daum.net/isoho2jobs)와 같은 긴 주소를 www.mis.or.kr로 접속할 수 있도록 해 준다는 것이다.

3. 점포에서의 다양한 광고를 진행

소상공인 혹은 영세자영업자들의 경우에는 광고비에 많은 돈을 투자할 수 없는 실정이며, 이에 따라 적은 광고비로 최대한 효과를 올릴 수 있는 광고 전략이 필요하다. 인터넷쇼핑몰뿐만 아니라 점포도 운영하는 창업자들이 이용할 수 있는 광고들은 다음과 같다(김영문, 2011).

1. 전단광고

A4 1장 크기의 전단지를 만들어서 배포하는 것을 말하는데, 전단지는 신문 배달시 신문에 끼워 배달하는 방법, 고객을 직접 방문하여 배포하는 방법, 점포 앞에서 배포하는 방법, 박람회 혹은 행사 참가자들에게 배포하는 방법 등으로 구분할 수 있다.

2. 구매시점광고(POP: point of purchase)

고객이 상품을 구매하는 장소에서 수행하는 광고를 말하는데, 일반적으로 벽면에 포스터를 붙여 놓는 방법, 상징적 물건을 설치해 놓는 방법, 음식점에서의 메뉴판 등이 있다.

3. 우편광고

우편을 통하여 광고를 하는 것인데, 아파트의 경우에는 단순히 아파트의 동과 호수만 적어도 발송이 된다는 이점이 있다. 하지만, 그렇게 대량으로 배달된 광고의 경우에 대해 많은 소비자들이 부정적인 반응을 보이고 있다는 것도 유념해야 한다.

4. 판촉물 광고

성냥, 열쇠고리, 달력, 포스트잇 등의 판촉물을 나누어 줌으로써 광고를 할 수 있는데, 고객의 특성을 분석하여 다양한 판촉물을 준비하는 것이 중요하다.

5. 인명부광고

전화번호부, 지역 내 상가 책자 등에 광고를 하는 방법이 있는데, 요즈음 상가 책자들의 종류가 워낙 많아서 발행부수 및 배부처를 분석한 후에 광고게재 여부를 결정하는 것이 좋다.

6. 구전광고

사람의 입을 통해 광고를 하는 것인데, 주로 주변의 인맥을 활용하게 된다. 구전광고는 고객이 오피니언 리더(opinion leader)인 경우에 특히 도움이 될 수 있다. 여성들을 주고객으로 하는 창업인 경우에는 구전광고에 특별히 신경을 써야 한다.

7. 데몬스트레이션 (demonstration)

상점에 온 고객들을 상대로 상품의 특성이나 사용법을 알리기 위하여 데몬스트레이션하는 것도 소매업에서 효과적으로 이용하는 방법의 하나가 될 수 있는데, 소점포의 경우에는 동시에 방문하는 고객의 수가 제한되어 있어 실질적인 효과는 별로 없는 실정이다.

8. 디스플레이 (display)

고객의 주의를 끌고 구매욕구를 일으키도록 상품을 진열하는 것을 디스플레이 혹은 진열이라 한다. 이러한 디스플레이를 효과적으로 이용하기 위해서는 상품, 대상고객, 색채, 장소, 조명, 레이아웃, POP광고 효과 등을 구체적으로 검토할 필요가 있다.

9. 특별행사

소매점에서는 일정한 기간 동안에 특별행사를 할 수 있다. 즉 새해맞이, 민속의 날 행사, 창립기념일, 입학, 졸업, 어버이날, 어린이날, 정기바겐세일, 사은 대매출 등 여러 가지 특별행사를 진행할 수 있다.

4. 언론을 활용한 홍보를 진행

4.1 언론을 활용한 홍보를 적극적으로 진행

언론홍보는 기업, 단체 또는 관공서 등의 조직체가 커뮤니케이션 활동을 통하여 스스로의 생각이나 계획, 활동, 업적 등을 널리 알리는 활동을 말하는데, 광고의 대가를 지불하지 않는다는 특징이 있다. 즉, 신문, 잡지, 라디오, TV뉴스 등에 기업의 제품이나 서비스 혹은 기업 이미지를 뉴스거리로 제공할 수가 있다는 것이다(박진용, 2005.6.25).

사실, 창업기업의 경우에는 언론을 잘 활용하면 돈을 거의 들이지 않고도 엄청난 홍보효과를 기대할 수 있는데, 대부분의 벤처 혹은 창업보육센터 입주기업들의 경우에는 홍보를 전담하는 직원이 없는 실정이다. 또한 언론을 통한 홍보의 중요성은 인식하고 있지만, 언론에 부탁을 해야 한다고 생각하거나 많은 돈 혹은 든든한 인맥이 있어야 가능하다는 생각을 하고 있다. 하지만, 많은 언론관계자들을 만나보면 기사거리가 될 만한 정보에 목말라 하고 있으며, 좋은 기사거리를 늘 원한다는 것을 알 수 있다.

필자가 1998년부터 창업분야에서 일한 경험을 토대로 언론을 활용한 홍보방법을 제시하면 다음과 같다. 사실, 일부 벤처기업들 중에는 언론에 기사 외의 다른 수단으로 접근하는 경우가 많은데 그것은 잘못된 것이며 평생 동안 함께 갈 좋은 친구를 사귄다는 마음으로 언론에 접촉하는 것이 좋을 것이다.

① 언론에게는 좋은 기사를 준다는 생각을 가져야 한다. 일시적인 목적을 달성하기 위해 과장되거나 사실과 다른 자료를 언론에 보냈을 때에는 장기적으로 창업기업의 신뢰에 큰 손실을 감수해야 함을 생각해야 한다.

② 회사에서 신제품 및 신기술을 개발했거나 새로운 경영성과가 있을 때에는 보도자료를 작성하여 언론에 메일로 발송하면 된다. 이런 것도 보도가 되겠나 하는 부정적인 생각보다는 기자의 입장에서 판단할 수 있도록 맡기면 되는 것이다.

③ 창업기업의 사회적 책임을 생각하고, 이윤추구 외 사회적 활동에도 적극 참여한다. 요즈음 많은 벤처기업에서도 공익적 활동에 참여함으로써 자사의 인지도 혹은 신뢰성을 높이는 활동에 적극 참여하고 있는 실정이며, 그렇게 함으로써 자연스럽게 언론에 노출될 수 있다는 것이다.

④ 인터넷 언론을 효과적으로 활용하는 것은 매우 중요하다. 현재 국내에는 신문을 제작하는 언론과 인터넷에서만 존재하는 언론으로 구분할 수 있다. 인터넷언론은 상대적으로 보도될 가능성이 더 높으며, 효과 또한 신문을 제작하는 언론사에 비해 결코 떨어지

지 않는다. 현재 인터넷 언론사는 연합뉴스(www.yonhapnews.co.kr), 뉴스와이어(www.newswire.co.kr), 뉴시스(www.newsis.com), 프레시안(www.pressian.com) 등이 있다.

⑤ 특정 언론사의 기사가 다음(Daum), 네이버(Naver), 구글(google), 네이트(nate) 등의 포털에 등록되는가 하는 것을 확인해야 한다. 이러한 포털에 기사가 등록되는 언론사가 상대적으로 더 효과가 있다는 것을 생각해야 하는데, 포털에 등록된 기사들은 포털 사이트가 폐쇄되지 않으면 영구적으로 기사 검색이 가능하기 때문이다.

⑥ 카페(cafe)의 교육 및 행사를 언론에 보도하기 위해서는 사업자등록을 하는 것이 필요하며, 아울러 카페를 이용하는 회원들이 신뢰할 수 있도록 하는 것이 중요하다.

4.2 뉴스와이어와 뉴시스의 이해와 활용방법

창업을 하면 판매하는 상품과 서비스를 고객들에게 알려야 하는데, 돈이 많이 들어가는 광고보다는 언론홍보를 활용하는 것이 좋다. 우선 언론홍보는 고객들에게 신뢰를 주고 언론기사가 다음, 네이버, 네이트, 구글 등의 포털에서 검색이 되기 때문에 홍보의 범위가 넓으면서 효과가 오래 지속된다는 장점이 있다.

하지만, 초보창업자가 언론에 홍보를 한다는 것은 쉬운 일이 아니다. 특히 신문을 제작하고 있는 언론사에 기사를 게재하는 것은 매우 힘든 일이라고 할 수 있다. 그렇기 때문에 사이버 공간에 존재하는 언론사를 우선적으로 찾아보는 것이 좋은데, 처음에는 뉴스와이어(www.newswire.co.kr)와 뉴시스(www.newsis.com)를 활용하여 언론홍보를 시작해 보는 것도 좋은 방법이다.

1. 뉴스와이어 (www.newswire.co.kr)

뉴스와이어에서는 기업의 보도자료를 효과적으로 홍보할 수 있는 다양한 서비스를 제공하고 있는데, 보도자료를 언론과 포털에 10회 단위로 전송할 수 있는 쿠폰을 저렴한 가격에 미리 구입하여 사용하면 된다. 자세한 내용은 [서비스 안내] 메뉴에서 [보도자료 서비스]의 [서비스 신청]에서 확인할 수 있다. 뉴스와이어 서비스는 다음, 네이트, 구글에 보도자료가 등록된다는 장점이 있다.

2. 뉴시스 (www.newsis.com)

뉴시스는 뉴시스와이어(www.newsiswire.co.kr)에서 보도자료를 작성하고 배포하는 서비스를 제공하고 있는데, 보도자료를 보낼 수 있는 포인트를 10회 단위로 구매하면 된다. 뉴시스의 보도자료들은 네이버, 다음, 네이트 등의 주요 포털에 등록된다는 특징이 있다.

한편, 뉴스와이어와 뉴시스를 효과적으로 활용하기 위해서는 언론에 보도될 만한 것이 있어야 하는데, 다음과 같은 방법을 활용하면 효과적이다.

① 새로운 기술의 개발, 제품의 출시, 새로운 시장의 진출, 해외 수출계약, 새로운 공장 및 시설의 설치 등 무엇인가 새로운 것이 있을 때마다 보도자료를 작성하여 배포한다.

② 보도자료를 배포할 때에는 반드시 관련 사진도 함께 등록한다. 또한 보도자료 내에 창업기업의 웹사이트 주소 및 전화번호를 반드시 포함시킨다. 그렇게 해야 보도자료의 효과가 장기간 지속될 수 있다.

③ 보도된 기사는 반드시 스크랩을 한 후에 회사의 웹사이트, 카페(cafe)와 블로그(blog), 트위터, 페이스북 등에 등록한다. 그렇게 하면 하나의 기사가 여러 개의 사이트에 등록되며, 그만큼 홍보효과는 커진다.

④ 뉴스와이어 및 뉴시스 외에도 연합뉴스(www.yonhapnews.co.kr)에서도 일정 비용을 받고 보도자료를 배포하고 있는데, 자세한 것은 홍보기획부(02-398-3551, 3569, dcon@yna.co.kr)로 문의하면 된다.

5. 창업사이트의 접속을 늘리기 위한 키워드 광고를 진행

창업기업에서 운영하는 웹사이트, 인터넷쇼핑몰, 카페와 블로그 등 창업자가 운영하는 다양한 인터넷사이트에 많은 사람들이 접속하도록 하기 위해서 가장 효과적인 방법이 바로 키워드 광고라고 할 수 있다. 예를 들어, 네이버(Naver)에서 네티즌들이 '나이키'라는 키워드로 검색을 했을 때에 창업자가 운영하고 있는 나이키 신발을 판매하는 인터넷쇼핑몰이 네이버의 상단에 검색되도록 해야 고객들이 많이 접속을 하게 되며, 상품 구매를 하게 된다는 것이다.

즉, 키워드 광고는 특정 키워드, 즉 검색어의 검색결과에 관련 있는 업체광고를 게재하는 100% 타겟팅된 맞춤광고 서비스이다. 키워드 광고는 해당 키워드를 검색하는 고객에게만 사이트를 홍보할 수 있어 보다 잠재 구매력이 높은 고객을 자신의 사이트로 이끌어준다. 이러한 키워드 광고는 크게 두 가지 방식으로 설명할 수 있다(김영문, 2009).

5.1 CPC(cost-per-click) 방식 광고

검색이 일어난 후에 노출되는 횟수에 상관없이 고객이 사이트를 클릭했을 때만 비용이 지불되는 방식을 말한다. 즉, 광고주가 원하는 금액만큼 일정금액을 먼저 예치시킨 다음에 키워드 검색의 결과에 사이트를 노출을 시키고, 링크되어 있는 사이트를 클릭했을 때만 클릭당 비용을 차감시켜 나가는 방식을 말한다. 오버추어, 구글의 스폰서링크와 네이버에서 진행하는 클릭초이스(파워링크, 비즈사이트) 등이 CPC 방식의 대표적인 사례들이다.

1. 오버추어 (www.overture.co.kr) 광고

다음(Daum), 네이트(Nate) 등의 포털에서 검색 결과 최상단에 노출되는 입찰방식의 광고로서 최상단 노출로 사이트의 신뢰도, 인지도를 높여주며 다수의 방문자를 기대할 수 있다. 이 광고의 장점은 다양한 검색어를 활용함으로써 다양한 고객들을 사이트로 유인시킬 수 있다는 점이다.

2. 스폰서 링크

특정 검색어의 검색결과 첫 페이지에 '사이트 제목-사이트 설명' 형식으로 제공되는 광고로 최상단에 위치하며, 검색어별로 최대 5위까지 광고영역을 제공한다. 스폰서 링크는 오버추어를 통해 서비스 신청을 하면 된다.

3. 클릭초이스

통합검색 결과 첫 페이지에 위치한 비즈사이트 영역에 노출되는 저렴한 키워드샵 상품으로 광고주가 직접 기술한 다양하고 정확한 홍보내용이 최대 3줄까지 반영된다. 게재되는 광고의 수는 키워드에 따라 5개 또는 10개까지 지정되어 있으며, 대표적인 국내포털광고로는 '네이버-파워링크, 비즈사이트', '다음-프리미엄 링크' 등이 있다.

① 파워링크: 특정 검색어 검색 결과 첫 페이지에 '사이트 제목-사이트 설명' 형식으로 제공되는 광고로 통합검색, 검색 결과 상단에 위치하며, 검색어별로 최대 10위까지 광고영역을 제공한다.

② 비즈사이트: 특정 검색어 검색 결과 첫 페이지에 사이트의 부가정보와 함께 보여 주는 광고로 파워링크 아래에 위치하며, 검색어별로 최대 5위까지 광고영역을 제공한다.

5.2 CPM(cost-per-mile) 방식 광고

일정기간 동안에 진행되는 광고에 대해 고정금액을 정액제로 지정한 후에 노출과 클릭에 상관없이 그 금액만큼만 진행되는 광고방식을 말한다. 이 광고의 장점은 일정기간 동안 그 금액만 지급하면 그 고정 자리를 유지하므로 특별한 관리가 필요 없다는 점이다. 국내 포털사이트에서 진행되는 광고로는 다음-스페셜 링크가 있다.

한편, 웹사이트 혹은 카페(cafe)의 홍보를 위한 키워드 광고는 다음(Daum)의 첫 화면 맨 아래에 있는 광고안내(☏1566-2100, [그림 6-2]), 네이버(Naver)의 첫 화면 맨 아래에 있는 광고(☏1588-5896, [그림 6-3]), 네이트(Nate)의 첫 화면 맨 아래에 있는 키워드 광고문의(☏1599-3401)에서 자세하게 알 수 있다. 사실, 키워드 광고를 처음 시작하려고 하는 경우에는 어떤 키워드 광고를 해야 할지를 잘 모르는데, 그러한 경우에는 전화로 상담을 받는 것이 필요하다.

그림 6-2 다음 광고

그림 6-3 네이버 광고

또한 최근에 다음(Daum)과 네이트(Nate)가 2011년 6월부터 키워드 광고분야에서 제휴를 하였다(아이뉴스24, 2011.4.14). 이에 따라 창업자의 사이트 주소를 알려주고, 어떤 키워드를 선정하는 것이 좋은지, 한 달에 얼마 정도의 광고비를 책정하는 것이 바람직한지 그리고 제휴 포털 간의 키워드 광고 진행방법 등에 대한 상담을 받는 것이 좋다. 아울러, 정기적으로 키워드 광고 사이트 내의 광고효과 보고서를 살펴봐야 한다. 즉, 개별 키워드별로 노출횟수, 클릭횟수, 클릭률, 평균클릭비용, 총비용을 살펴보면서 특정 키워드 광고를 계획해야 할지 혹은 중단해야 할지를 판단해야 한다.

하지만, 아직도 일부 창업자들의 경우에는 그냥 광고대행사에 맡겨서 진행을 하는데, 그렇게 하는 경우에 키워드 광고를 잘 하는 요령을 배우기가 어렵다는 문제가 있다. 따라서 처음에는 월 5~10만원부터 시작하고 키워드 광고에 대한 전문지식을 배워가면서 점차 광고비를 늘려가는 것도 좋을 것이다.

☞ 키워드 광고는 창업사이트의 성격이나 추구하는 목표에 따라 달라지는데, 경쟁관계에 있거나 유사한 사이트가 키워드 광고를 어떻게 하고 있는가를 살펴보는 것도 도움이 된다.

☞ 네이버(Naver)에는 지식쇼핑(shopping.naver.com)이라는 독특한 광고상품이 있는데, [입점안내]에서 자세한 내용을 소개하고 있다. 다음(Daum)에는 쇼핑하우(shopping.daum.net)를 운영하고 있는데, 네이버(Naver)의 지식쇼핑과 유사한 방식으로 운영하고 있다. 한편, 네이버 지식쇼핑의 입점과 비용은 아래의 두 가지로 구분할 수 있다.

① CPC(Cost Per Click) 과금: 네이버 지식쇼핑은 상품구매 의사가 있는 이용자가 브라우징 또는 검색을 통해서 해당 상품을 확인하고, 상품을 클릭하여 입점사의 쇼핑몰로 넘어갈 때마다 일정 금액(클릭당 단가)이 부과된다. 이러한 과금체계를 CPC 과금이라고 하며, CPC 과금은 상품이 등록된 카테고리별로 나누어 차등 적용된다.

② CPS Package 입점이란?: CPS Package 입점시 매월 고정비와 지식쇼핑을 통한 매출액의 일정 %를 판매수수료로 부과한다.

입점을 하기 위해서는 쇼핑몰을 오픈한 지 6개월 이상 되고, 성인용품이나 네이버에서 취급하지 않는 상품을 제외하면 입점이 가능하다.

6. 동영상(UCC)을 활용한 홍보

창업자가 홍보를 하고 싶은 점포, 전자상거래사이트뿐만 아니라 카페(cafe)의 홍보를 위한 다양한 동영상(UCC)을 제작하여 웹사이트에 등록할 수 있다. 이를 위해서는 먼저 다음과 같은 세 가지 방법으로 동영상(UCC)을 만들 수 있다.

① 디지털카메라로 영상을 촬영한 후에 디지털카메라를 컴퓨터에 USB케이블로 연결하면 자동적으로 동영상 파일이 만들어진다. 화소(picture element)가 높은 디지털카메라의 경우에는 캠코더보다 오히려 더 선명한 영상을 촬영할 수 있다.

② 캠코더(camcorder)를 사용하여 영상을 촬영한 후에 캠코더의 구입시에 제공되는 소프트웨어를 활용하여 동영상 파일로 만들 수 있다. 하지만, 초보자의 경우에는 캠코더를 활용한 동영상의 제작이 쉽지 않기 때문에 앞에서 설명한 디지털카메라를 활용하는 것이 편리하다.

③ 컴퓨터에 내장되어 있는 무비메이커(Windows Movie Maker)를 활용하여 동영상을 만든 후에 파일로 저장한다(베타뉴스, 2011.9.2). 무비메이커는 컴퓨터의 [시작]에서 [모든 프로그램]을 클릭하면 확인할 수 있으며, 네이버(Naver) 혹은 다음(Daum)에서

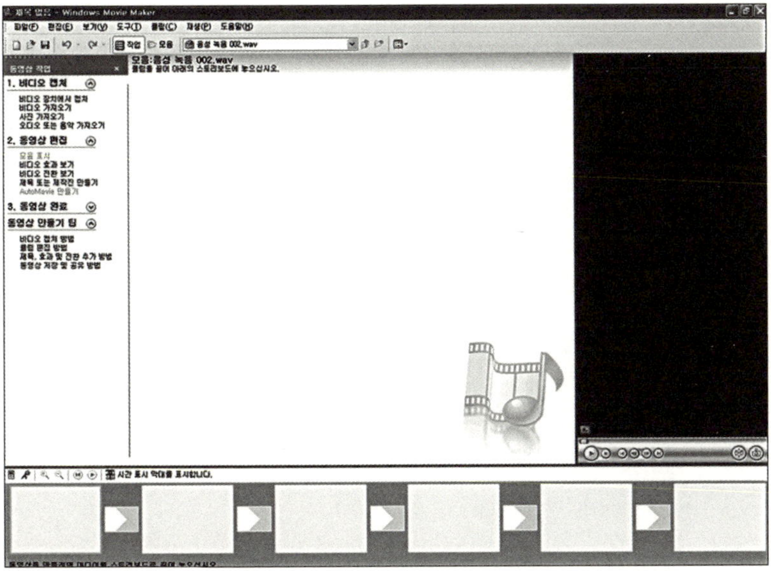

그림 6-4 무비메이커(Windows Movie Maker)

도 검색하여 다운받을 수 있다([그림 6-4] 참조).

또한, 홍보용 동영상(UCC)을 만든 후에는 여러 사이트에 등록하면 되는데, 아래와 같은 사이트들에 등록하면 홍보효과가 크다. 또한 아래의 사이트에서는 창업자가 등록한 동영상(UCC)이 얼마나 플레이(혹은 view)되었는가에 대한 통계자료도 제공하고 있다.

① 다음의 TV팟(tvpot.daum.net): '마이팟' 메뉴에서 등록한 전

체 동영상을 볼 수 있으며, 몇 번이나 플레이(play)가 되었는지에 대한 통계도 제공하고 있다.

② 네이버의 카페(cafe) 혹은 블로그(blog)

③ 네이트 동영상(video.nate.com)

④ 판도라TV(www.pandora.tv)

⑤ 유튜브(www.youtube.com): 'insight' 메뉴에서 전체 동영상의 뷰(view)에 대한 통계를 제공하고 있다. 유튜브에 동영상을 등록하면, 아래의 5개 웹사이트에 자동으로 등록된다. 이를 위해서는 사전에 아래 사이트들에 가입을 해야 한다.

i) Facebook(www.facebook.com)

ii) Twitter(www.twitter.com)

iii) Reader

iv) Orkut(www.google.com/accounts/ServiceLogin?service=orkut)

v) MySpace(www.myspace.com)

한편, 동영상(UCC)을 만든 후 용량이 100M를 초과하여 포털에 등록할 수 없는 경우에는 팟인코더(tvpot.daum.net/application/PotEncoder.do)를 사용하여 용량을 줄일 수 있다([그림 6-5] 참조). 아울러 팟인코더는 긴 영상에서 필요한 부분만 자르거나 여러 개의 영상을 합치고 싶을 때, 또 동영상의 앞뒤에 오프닝과 엔딩을 삽입할 수도 있는 기능도 제공하고 있다(케이벤치 2010. 2.23).
한편, 팟인코더를 사용할 때의 고려사항은 다음과 같다.

① 여러 개의 동영상을 불러서 한꺼번에 용량을 줄일 수 있다.

② 인코딩 옵션에서 '100M인코딩'을 선택해야 한다.

③ 저장폴더에서 인코딩된 동영상을 저장할 폴더를 지정해야 한다.

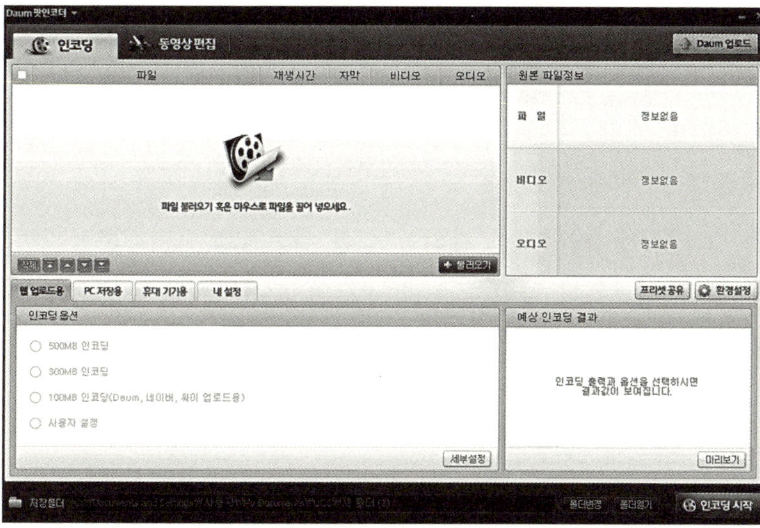

그림 6-5 팟인코더

7. 소셜 네트워크 서비스(SNS)에서 홍보하기

먼저 소셜 네트워크 서비스(Social Network Service: SNS)는 온라인 인맥구축 서비스이다. 즉, 1인 미디어, 1인 커뮤니티, 정보 공유 등을 포괄하는 개념이며, 참가자가 서로에게 친구를 소개하여, 친구관계를 넓힐 것을 목적으로 개설된 커뮤니티형 웹사이트이다(위키백과, ko.wikipedia.org).

이러한 소셜 네트워크 서비스는 창업자의 카페(cafe) 외에도 점포 혹은 인터넷쇼핑몰 등을 홍보하는 데 매우 유용하게 활용될 수 있는데, 창업자가 가입한 소셜 네트워크 서비스뿐만 아니라 다른 사람들이 가입한 소셜 네트워크 서비스를 공동으로 활용하여 창업자의 웹사이트들을 홍보할 수 있다.

현재 대표적인 소셜 네트워크 서비스(Social Network Service)의 종류는 다음과 같다.

① 트위터(www.twitter.com)

② 페이스북(www.facebook.com)

③ 미투데이(www.me2day.net)

④ 한국어트위터(www.twtkr.com)

⑤ 구글플러스(plus.google.com)

이러한 사이트들에 가입하여 활용방법을 습득한 후에 어떻게 사용하는 것이 홍보에 도움이 되는지를 파악하는 것이 필요한데, 최근 소셜 네트워크 서비스의 이용자가 급속하게 증가하고 있는 실정이다. 예를 들어, 트위터 및 페이스북은 페이지뷰 기준으로 2010년 1월에서 2011년 8월까지 수십배 이상 트래픽이 증가하고 있는 것으로 조사되었다(뉴스토마토, 2011.9.16).

한편, 주요 소셜 네트워크 서비스(Social Network Service: NS) 중에서 페이스북을 활용하여 창업자의 카페(cafe)를 홍보하는 몇 가지 방법을 소개하면 다음과 같다([그림 6-6] 참조).

그림 6-6 페이스북

① 노트(앱)를 설치하여 홍보를 하면 좋은데, 노트(앱)는 일종의 게시판과 같은 기능을 갖고 있어서 다양한 글을 등록할 수 있으며, 글의 맨 아래에는 창업자의 카페 주소를 입력하는 것도 필요하다.

② [이벤트]에서 [이벤트 만들기]를 클릭하여 모임, 교육 및 행사에 대한 정보를 등록할 수 있다.

③ [사진]을 클릭한 후에 [동영상 올리기]를 활용하여 홍보하고 싶은 내용에 대한 동영상(UCC)을 제작하여 등록할 수 있다.

④ [담벼락]은 일종의 [한 줄 메모장]과 같은 기능을 갖고 있는데, 수시로 홍보할 내용을 등록하면 된다.

8. 사이트의 주소를 포함시키기

평소에 자주 접속하는 웹사이트에 글을 등록할 때에는 반드시 창업자가 운영하고 있는 웹사이트의 주소도 함께 등록하는 습관을 가지는 것이 필요하다. 예를 들어, 페이스북(www.facebook.

그림 6-7 유튜브

com)에서 노트 앱을 추가하여 다양한 주제의 글을 등록할 때에도 웹사이트의 주소를 포함시키게 되면 글을 읽은 페이스북 친구들이 창업자의 웹사이트에 접속할 수 있다는 것이다. 또한 [그림 6-7]과 같이, 유튜브(www.youtube.com)에 동영상(UCC)을 등록할 때에도 설명부분에 웹사이트 주소를 포함시키는 것이 홍보에 도움이 된다.

제 7 장

인터넷쇼핑몰 창업사례 및 벤치마킹

1. 인터넷쇼핑몰의 창업사례

인터넷쇼핑몰 창업의 핵심은 판매할 상품의 선정 그리고 홍보 및 광고라고 할 수 있으며, 먼저 인터넷쇼핑몰을 창업한 다양한 사례들을 살펴보는 것이 판매할 상품을 결정하는 데 도움이 된다. 또한 여러 인터넷쇼핑몰을 접속하여 벤치마킹을 해 봄으로써 창업기간의 단축 및 창업과정상의 시행착오를 크게 줄일 수 있을 것이다. 아래에서는 2010년 3월에 저자가 설립한 [대구경북창업카페연합회] 회원들의 인터넷쇼핑몰 창업사례를 중심으로 소개하고자 한다.

1.1 소호리 (www.soholee.com)

소호리(www.soholee.com, 대표 이상철)는 일본에 가서 나이키 신발을 직접 구매하여 판매하고 있는 인터넷쇼핑몰이다. 즉, 소호리는 일본 보따리무역의 형태로 창업을 한 사례라고 할 수 있는데, 이상철 대표와의 인맥형성으로 일본 보따리무역 및 인터넷 쇼핑몰 창업에 대해 많은 것을 배울 수 있다.

그림 7-1 인터넷쇼핑몰 소호리

1.2 레이스올 (www.laceall.com)

레이스올(www.laceall.com, 대표 김경화)은 침구류를 직접 제조하여 판매하고 있는 전문기업이며, 전국 50여개의 매장에 숍인숍(shop-in-shop) 형태로 입점하여 판매도 하고 있다. 침구류 분야의 창업을 희망하는 예비창업자들은 레이스올의 상품을 도매가격으로 공급 받아서 점포 혹은 인터넷 창업으로 판매하는 것도 생각할 수 있다.

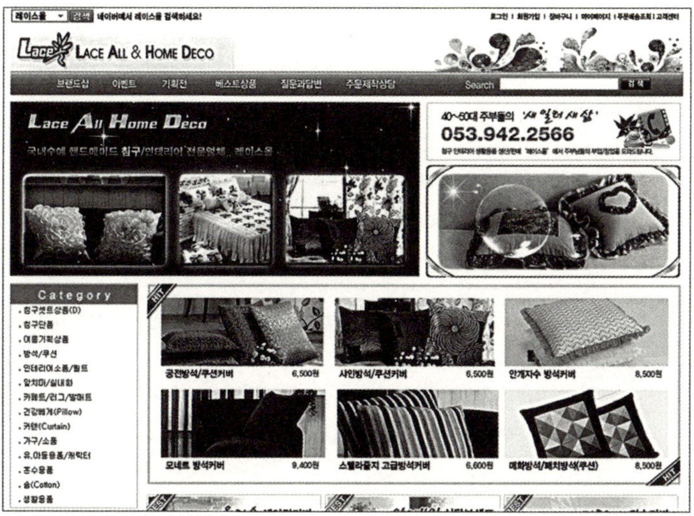

그림 7-2 인터넷쇼핑몰 레이스올

1.3 베이비파크 (www.ibabypark.com)

베이비파크(www.ibabypark.com, 대표 장재현)는 출산용품 및 유아용품을 전문적으로 판매하는 인터넷쇼핑몰이며, 국내 상품뿐만 아니라 해외의 유명 브랜드 상품도 수입하여 판매하고 있다. 베이비파크에서는 인터넷쇼핑몰뿐만 아니라 대구광역시 달서구에 있는 점포에서도 상품을 판매하고 있다.

그림 7-3 인터넷쇼핑몰 베이비파크

1.4 아르가 (www.argha.co.kr)

아르가(www.argha.co.kr, 대표 김영미)는 천연향, 천연비누, 천연방향제, 천통차 및 다기 등을 판매하는 인터넷쇼핑몰이며, 점포창업과 함께 하는 경우도 생각해 볼 수 있다.

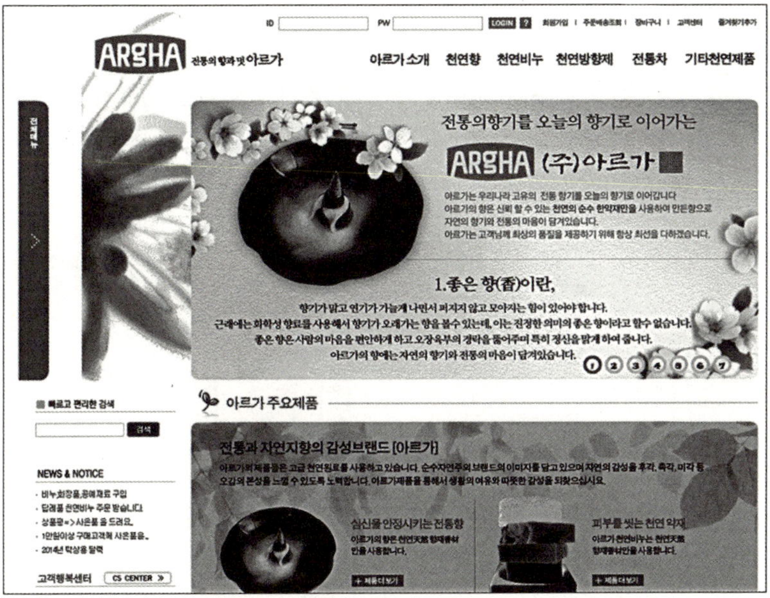

그림 7-4 인터넷쇼핑몰 아르가

1.5 언더야 (www.underya.co.kr)

언더야(www.underya.co.kr)는 일본에서 직수입한 여성 속옷 전문 인터넷쇼핑몰이며, 손현창 대표가 일본에 직접 가서 상품을 구매하고 있다.

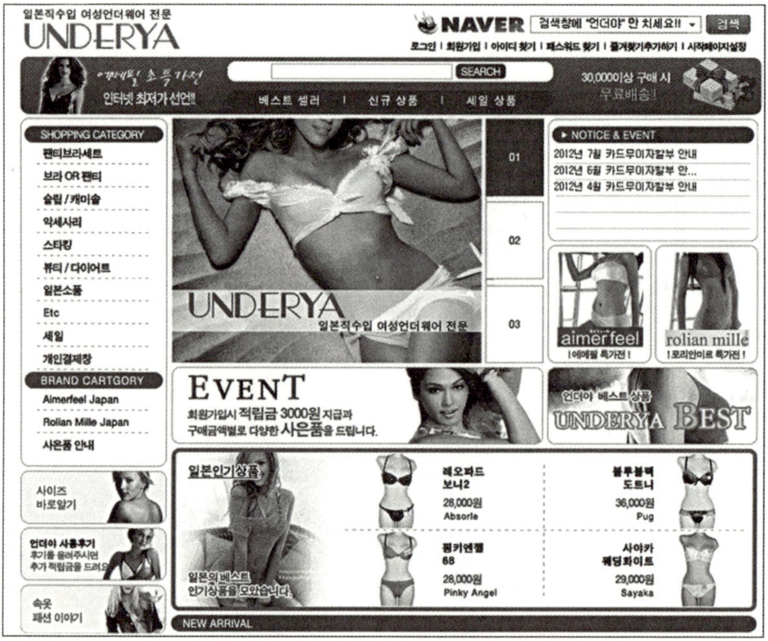

그림 7-5 인터넷쇼핑몰 언더야

1.6 써니야닷컴 (www.sunnyya.com)

써니야닷컴(www.sunnyya.com, 대표 김융국)은 상품 자체에 씨앗이나 모종이 파종된 상태로 포장된 신개념 포장화분을 개발하여 판매하고 있다. 즉, 아파트 베란다에서 채소를 재배하여 먹을 수 있는 포장화분은 향후 노인인구가 증가함에 따라 그 수요가 크게 증가할 것으로 예상되고 있다.

그림 7-6 인터넷쇼핑몰 써니야닷컴

2. 성공적인 인터넷쇼핑몰 창업을 위한 벤치마킹

2.1 벤치마킹의 개요

누구나 창업에 성공하기를 원하지만, 실제로 성공보다는 실패하는 사람들이 더 많다는 것도 사실이다. 사실, 창업을 하기 전에는 기술과 어느 정도의 자금만 있으면 대박을 터트릴 수 있다고 생각하지만, 막상 창업을 하면서 느끼는 것은 모든 것이 예상대로 되지 않는다는 것이다. 그리고 계획했던 것보다 자금이 더 많이 소요되거나, 개발기간이 더 길어지거나, 시장개척이 제대로 되지 않는 등 차질이 생기는 경우가 한두 번이 아니라는 것이다.

이러한 차질 혹은 실패를 줄일 수 있는 방법으로 경영학에서 오랜 기간 동안 연구된 것이 바로 벤치마킹(benchmarking)이라는 것이다. 일반적으로 벤치마킹이란 어느 특정분야에서 우수한 상대를 표적삼아 자기 기업과의 성과 차이를 비교하고 이를 극복하기 위해 그들의 뛰어난 운영 프로세스 등을 배우면서 부단히 자기혁신을 추구하는 기법이다(네이버 사전, dic.naver.com). 즉 뛰어난 상대에게서 배울 것을 찾아 배우는 것이다. 벤치마킹은 기본적으로 측정 프로세스이나 이러한 측정 프로세스는 결과적으로 상대방의 성과를 비교하는 데만 그치는 것이 아니라, 상대방의 우수한 성과가 어떻게 도출되었는가 하는 방법론적인 노하우까지도 비교대상으로 삼는다. 즉, 벤치마킹 활동의 결과물로는 상대적인 성과의 비교뿐만이 아니라 우수한 성과를 가져오게 된 동인(enabler)도 분석하여 제시되어야 한다.

벤치마킹 기법을 활용한 경영혁신의 추진은 일반적으로 다음과 같은 순서에 의해 진행된다.

① 적용분야의 선정

② 상대의 결정

③ 정보수집

④ 성과 차이의 확인 및 분석

⑤ 결과의 전파 및 사내 공감대 형성

⑥ 혁신계획의 수립

⑦ 실행 및 평가

이러한 벤치마킹 기업은 바로 창업분야에서 매우 효과적으로 활용될 수 있는데, 매우 성공적으로 창업을 한 사람 혹은 창업기업을 조사하고 분석하여 현재 창업자가 진행하고 있는 일들과의 차이를 비교함으로써 결과적으로 매우 성공적인 창업자 혹은 기업을 따라가려고 하는 노력이라고 할 수 있다. 즉, 벤치마킹을 통해 성공적인 창업자들이 어떤 측면에서 차이가 있는가를 발견할 수 있는 것이다. 이러한 벤치마킹 기법을 많은 기업에서 도입하는 이유는 다음과 같다(중소기업청, 1999.10).

① 여러 분야의 정보를 수집하는 데 유용한 도구이다.

② 시장에서 경쟁하는 주요 업체들의 사업방향, 제품, 서비스 개발동향, 고객과의 행동양식 등에 대한 정보를 제공해 준다.

③ 사업아이디어를 제공해 주는 훌륭한 공급원이다.

④ 경쟁업체나 뛰어난 기업의 제품, 운영과정에 대한 정보를 수집하여 비교기준을 제시해 준다.

⑤ 최상의 성과를 찾아내는 방법으로 사용된다.

요즈음 많은 창업기업에서는 창업을 준비하는 단계에서부터 우수한 회사 혹은 경쟁회사에 대한 벤치마킹을 실시하고 있다. 이것은 다른 기업의 제품 혹은 아이디어에 대한 베끼기와는 전혀 다른 것이며, 소위 말하는 1등 기업을 따라잡기 위한 것이라고 할 수 있다. 이러한 따라잡기에는 자사만의 독창적인 아이디어와 차별성으로 시작해야 하는 것이며, 다른 기업이 이룬 성과를 모방하거나 베끼는 것은 법률적으로 혹은 창업윤리측면에서도 바람직하지 않다는 것이다.

2.2 인터넷쇼핑몰 창업자가 자신에게 던져볼 질문 10가지

인터넷쇼핑몰 창업을 하겠다고 결정을 하였다면, 먼저 아래의 질문에 대해 대답을 해 보는 것이 필요하다. 이것은 인터넷쇼핑몰 창업을 하기 위한 준비가 제대로 되어 있는가를 점검하는 것이며, 동시에 인터넷쇼핑몰 창업이 적성에 맞는가를 확인하는 과정이라고 생각하면 된다.

① 컴퓨터와 인터넷은 어느 정도로 할 수 있는가?

② 무엇을 어떻게 팔 것인가? 과연 수익성은 있는가?

③ 배송, A/S 및 고객 불만은 어떻게 할 것인가?

④ 다른 인터넷쇼핑몰과의 차별화는 어떻게 할 것인가?

⑤ 웹프로모션(Web promotion)에 대한 전략은 수립되어 있는가?

⑥ 고객관리는 어떻게 할 것인가?

⑦ 매출이나 이익이 좋지 않으면, 어떻게 할 것인가?

⑧ 인터넷쇼핑몰의 프랜차이즈화에 대해 생각해 본 적이 있는가?

⑨ 하루에 몇 시간이나 관리할 수 있는가?

⑩ 전혀 모르는 사람에게 홍보하고 영업할 수 있는가?

2.3 인터넷쇼핑몰을 벤치마킹하기 위한 질문 10가지

일반적으로 먼저 창업한 인터넷쇼핑몰을 벤치마킹할 때에는 다음과 같은 10가지 질문을 창업자 자신에게 던져보는 것이 필요하다.

① 왜 이러한 상품들을 판매하기로 결정을 했을까?

② 다른 인터넷쇼핑몰과 비교해서 차별적인 점은 무엇일까?

③ 판매하고 있는 상품은 어떻게 조달하고 있는가?

④ 온라인에서의 홍보와 광고는 어떻게 진행하고 있는가?

⑤ 오프라인에서의 홍보와 광고는 어떻게 진행하고 있는가?

⑥ 고객들에게는 어떤 서비스를 제공하고 있는가?

⑦ 인터넷쇼핑몰에 처음 접속했을 때의 느낌(혹은 첫인상)은 어떠했는가?

⑧ 인터넷쇼핑몰 창업자가 운영하고 있는 또 다른 웹사이트들은 있는가?

⑨ 게시판은 몇 개나 그리고 어떤 용도로 운영하고 있는가?

⑩ 고객들이 믿고 거래할 수 있는 인터넷쇼핑몰이라고 생각하는가?

2.4 효과적인 벤치마킹을 위한 방법

초보창업자들이 인터넷쇼핑몰 창업으로 성공하기 위해서는 결국 먼저 창업한 인터넷쇼핑몰들을 벤치마킹하는 것이라고 할 수 있으며, 조금 더 효과적으로 벤치마킹을 하기 위해서는 아래의 방법들을 활용할 수 있을 것이다.

① 성공한 인터넷쇼핑몰 창업자들과 인맥을 형성한다.

② 인터넷쇼핑몰 창업자들의 교류모임에 적극 참여한다.

③ 창업관련 단체 혹은 커뮤니티에 적극 참여한다.

④ 인터넷쇼핑몰 창업에 대한 언론기사를 검색한 후에 해당 인터넷쇼핑몰에 접속하여 살펴본다.

⑤ 제5장에서 설명한 다양한 방법으로 인터넷쇼핑몰을 창업한 사례들을 찾아서 살펴본다.

참고문헌

강현순, "인터넷비즈니스 창업실무", 2005 부산광역시 창업강좌 책자, 2005

강현순, "인터넷비즈니스 창업실무", 2006 부산광역시 창업강좌 책자, 2006

건설경제신문, "스마트폰 결제부터 주문배송 조회까지 '3S'로 통한다", 2011.05.12

권영설, 이베이 창업 운영 가이드, e비즈북스, 2012년 11월 16일

경기지방중소기업청, 소상공인! 알아야 성공한다, 2003

경남도민일보, "파워블로그", 2013.1.30

김병성, 박대윤, 조주연, 인터넷창업, 절대로 하지 마라, 정보문화사, 2006

김석주, 홈페이지 만들기, 가남사, 1997

김영문, 창업학, 법문사, 2009

김영문, 창업길라잡이, 집현재, 2011

김영문, 카페(cafe)로 창업하기, 집현재, 2012

김영문, 인터넷창업하기, 집현재, 2013

내일신문, "국가공인 중소기업 컨설팅 전문가…업무 증가 추세", 2011.4.4

내일신문, "민간자격증만 1842개 '자격증 홍수시대'", 2011.10.12

뉴스토마토, "한진-KT, 전국 화물차에 RFID 탑재. '화물차 추적' 新사업 맞손", 2012.11.30

뉴스토마토, "카페 · 블로그 지고, SNS · 메신저 뜬다", 2011.09.16

동아일보, "망중립 논의 본격화 2부 – 현실을 반영해야 하지 않을까?", 2011.9.23

동아일보, "'책'안 들고 다녀도 언제 어디서나 읽을 수 있어요", 2006.01.25

디지털타임스, "24시간 불밝히는 '고객감동' 쇼핑몰", 2011.5.31

매일경제, "전자결제업체 경쟁 뜨겁다", 2000.7.18

매일경제, "'소상공인지도사 자격증' 교육 외", 2011.1.7

머니투데이, "'외톨이' 네이버, 검색독주 막내리나", 2011.04.18

민승기, 이베이와 함께 세계시장으로, 해외문화, 2009년 4월 25일

박진용, 언론과 홍보, 한국케이블TV방송협회, 2005.6.25

베타뉴스, "한국판 페이스북 앱의 들판에도 봄은 오는가", 2011.05.11

베타뉴스, "동영상과 사진만 있으면 작품이 뚝딱! 윈도우 라이브 무비 메이커", 2011.9.2

서울신문, "민간자격증 광고 속지 마세요", 2011.2.18

세계일보, "컨텐츠 시장의 유료화에 따른 컨텐츠몰 창업 증가", 2011.5.31

아시아투데이, "홈쇼핑 소셜커머스 시장 진출…기존 업체 위기", 2013.2.25

아이뉴스24, "다음-네이트 맞손, 네이버 검색광고 독주에 브레이크", 2011.04.14

아주경제, "KOTRA, 해외 전자상거래시장 진출 지원", 2011.3.28

아크로팬, "인터넷 등록 도메인, 2억3300만 개로 증가", 2012.8.3
이데일리, "가맹거래사, 유망 자격증으로 평가", 2011.5.25
이투데이, "삼성전자-애플, 끝나지 않는 혁신 전쟁… 멈추지 않는 특허 공방", 2013.2.4
연합뉴스, "인터넷 사용 인구비율 64.4%", 2002.10.25
원승교, 나 혼자 꾸리는 인터넷 상점 처음부터 성공까지, 제우미디어, 2006
전자신문, "카카오페이지, 콘텐츠 만드는 '페이지 에디터' 공개", 2013.2.7
주간조선, "인터넷 쇼핑 시장 10년 만에 10조원 넘어", 2006.06.13
중앙일보, "애플 앱스토어, 100만 번째 앱 올라왔다", 2012.11.20
조유신, 이베이에서 10억 벌기, 휴먼하우스, 2011년 8월 10일
케이벤치, "재능과 독특함으로 알바를 하는 컨텐츠거래 사이트 아이끼 닷컴(www.i-kki.com) 출범", 2011.10.10
한국경제, "이베이 제친 '오픈마켓 1위' 타오바오 비결", 2011.10.20
한국경제TV, "2009년 초고속가입자 1671만명", 2006.01.25
한국일보, "e-메일 결제 서비스", 2001.3.7
한국일보, "네이버 지식쇼핑 독주… 한달 1300만명 클릭", 2012.12.24
헤럴드생생, "'소셜쇼핑' 싸서 좋아...소비자군단이 몰려온다", 2010.10.08
홍성근, 김동희, "대박터진 쇼핑몰 노하우 훔쳐보기", 렉스미디어, 2003
ZDNet Korea, "전 세계 전자상거래 규모 첫 1조달러 돌파", 2013.2.6
네이버 백과사전, 100.naver.com
네이버 지식백과. terms.naver.com

네이버 지식iN, kin.naver.com

다음 어학사전, dic.daum.net

레포트월드, www.reportworld.co.kr

온라인 무역전문 블로그, tradekorea.tistory.com

위키백과, ko.wikipedia.org

위키피디아 www.wikipedia.orgtㅅ

하루 만에 인터넷쇼핑몰 창업하기

초판인쇄 | 2014년 7월 21일
초판발행 | 2014년 7월 25일

저　　자 | 김 영 문
발 행 인 | 위 호 준
발 행 처 | 도서출판 **집현재**

121-130 서울특별시 마포구 토정로
198번지 204호
전화 (02)332-4922 Fax (02)3142-4922
홈페이지: www.jhjbook.co.kr
e-mail: jyp4922@naver.com

출판등록 | 2010년 10월 25일
등록번호 | 제105-91-57581호

정가 14,000원　　ISBN 978-89-97304-34-9

이 도서의 국립중앙도서관 출판예정도서목록(CIP)은 서지정보유통지원시스템 홈페이지(http://seoji.nl.go.kr)와 국가자료공동목록시스템(http://www.nl.go.kr/kolisnet)에서 이용하실 수 있습니다.
(CIP제어번호: CIP2014021630)